Dez Mensagens
que Seus Anjos
Querem Dar
a Você

Doreen Virtue

Dez Mensagens
que Seus Anjos
Querem Dar
a Você

Tradução:
Giovanna Louise Libralon

MADRAS®

Publicado originalmente em inglês sob o título *10 Things Your Angels Want You to Know*, por Hay House Inc. USA.
© 2017, Doreen Virtue.
Direitos de edição e tradução para o Brasil.
Tradução autorizada do inglês.
© 2018, Madras Editora Ltda.

Editor:
Wagner Veneziani Costa

Produção e Capa:
Equipe Técnica Madras

Tradução:
Giovanna Louise Libralon

Revisão da Tradução:
Soraya Borges de Freitas

Revisão:
Jerônimo Feitosa

Dados Internacionais de Catalogação na Publicação (CIP)
(Câmara Brasileira do Livro, SP, Brasil)

Virtue, Doreen
Dez mensagens que seus anjos querem dar a você / Doreen Virtue ; tradução Giovanna Louise Libralon. --
São Paulo : Madras, 2018.
Título original: 10 messages your angels want you to know.
ISBN: 978-85-370-1097-6
1. Anjos I. Título.
17-07545 CDD-202.15

Índices para catálogo sistemático:
1. Anjos : Cristianismo 202.15

É proibida a reprodução total ou parcial desta obra, de qualquer forma ou por qualquer meio eletrônico, mecânico, inclusive por meio de processos xerográficos, incluindo ainda o uso da internet, sem a permissão expressa da Madras Editora, na pessoa de seu editor (Lei nº 9.610, de 19/2/1998).

Todos os direitos desta edição, em língua portuguesa, reservados pela

MADRAS EDITORA LTDA.
Rua Paulo Gonçalves, 88 – Santana
CEP: 02403-020 – São Paulo/SP
Caixa Postal: 12183 – CEP: 02013-970
Tel.: (11) 2281-5555 – Fax: (11) 2959-3090
www.madras.com.br

Índice

Introdução: O que os Anjos Querem que Você Saiba.......... 9

1. **O Sonho da Vigília:** Uma Mensagem sobre sua Verdadeira Identidade 15

2. **Por que 2 + 2 ≠ 3:** Uma Mensagem sobre Livre-arbítrio 31

3. **Despertar Juntos:** Uma Mensagem sobre seus Relacionamentos 51

4. **Aperfeiçoamento Espiritual:** Uma Mensagem sobre Perdão 61

5. **Seus Quatro Corpos:** Uma Mensagem sobre Cura 75

6. **A Dádiva da Entrega:** Uma Mensagem sobre Desapego 91

7. **Deus é Felicidade:** Uma Mensagem sobre Orações Atendidas 105

8. **A Luz do Despertar:** Uma Mensagem sobre Escolhas 115

9. **Entusiasmo Sereno:** Uma Mensagem sobre a Verdadeira Satisfação 131
10. **O "Prêmio" da Vida:** Uma Mensagem sobre Felicidade Duradoura 143

Epílogo: Sua Missão, Seu Sustento e Sua Existência 157

Nota do editor internacional:

A autora deste livro não dá consultoria médica nem prescreve o uso de qualquer técnica como forma de tratamento para problemas físicos, emocionais ou médicos, seja direta ou indiretamente, sem acompanhamento médico. A intenção da autora é tão somente oferecer informações de natureza geral para ajudá-lo em sua busca por bem-estar emocional e espiritual. A autora e a editora estão isentas de toda e qualquer responsabilidade caso você se utilize, por conta própria, de quaisquer informações deste livro.

Introdução

O que os Anjos querem que você saiba

Este livro demorou muito para se tornar realidade.

Ainda muito pequena, eu sentia a presença dos anjos sem saber o que estava vendo, ouvindo ou vivenciando. Tudo o que eu sabia era que, sempre que me sentia inquieta ou infeliz, seres de luz vinham me consolar. Eles tranquilizavam meu coração magoado e me davam a certeza de que eu era amada e estava segura.

Eles também me ensinavam muitas coisas; lições que estou feliz por compartilhar com você sobre como a vida pode ser "celestial" agora mesmo.

Os anjos são guardiões, protegem a você e a mim. O termo *anjo* significa "mensageiro de Deus". Há muitos seres que transmitem mensagens no mundo espiritual, mas nem todos são confiáveis ou estão na luz Divina. Aprendi a discerni-los e pratiquei proteção espiritual para me assegurar de que estava falando apenas com verdadeiros anjos de Deus.

Você pode distinguir um verdadeiro anjo de um ser inferior por algumas características marcantes. Verdadeiros anjos...

- ... são totalmente altruístas e generosos. Não pedem nada em troca.

- ... são semelhantes a Deus em todos os aspectos: são amorosos, sábios, compassivos e clementes.

- ... nunca se cansam porque, assim como Deus, eles têm energia ilimitada.

- ... podem estar com todas as pessoas ao mesmo tempo, pois, tendo corpo de pura energia, não são limitados por um corpo físico.

Às vezes, as pessoas pensam em seus entes queridos já falecidos como anjos. Embora nossos entes queridos no Céu possam nos ajudar como os anjos, eles ainda são dotados de um ego humano (que os anjos verdadeiros não têm).

Por ser sensitiva intuitiva a vida inteira, percebi que toda pessoa tem consigo, a todo instante, dois ou mais anjos de guarda, posicionados em geral junto de cada ombro. Como você verá neste livro, os anjos estão submetidos à Lei Divina do Livre-arbítrio com relação às escolhas que nós fazemos. Por isso é possível a existência de tragédias e maldade quando as pessoas escolhem, de livre vontade, praticar ações prejudiciais.

As mensagens deste livro tratam da realidade a partir da perspectiva da dualidade e da não dualidade, porque os anjos conseguem ver tanto o mundo real como o mundo ilusório:

- A *dualidade* é o mundo ilusório onde parece que estamos separados uns dos outros, o que pode nos dar a sensação de que Deus fica distante e talvez não esteja ouvindo nem respondendo nossas orações.

- O mundo da *não dualidade* é o mundo real criado por Deus. Ele consiste na plena consciência do fato de que você e eu somos um com Deus, com os anjos, e uns com os outros – bem como no respeito a esse fato.

Os anjos abordam as duas perspectivas porque nós tendemos a oscilar entre os dois mundos.

As pessoas costumam perguntar por que converso com os anjos em vez de falar com Deus ou com Jesus. A resposta é que eu *falo* com Deus e com Jesus constantemente, e recomendo muitíssimo que outras pessoas o façam. As mensagens dos anjos são a voz coletiva das mensagens de Deus (mensagens que estão em unidade com o Espírito Santo, com Jesus e com nosso eu superior), transmitidas a nós pelos mensageiros celestes. Uma vez que os anjos não têm ego, suas mensagens vêm puramente de Deus.

Como você verá neste livro, a posição em que Deus está, que é de amor 100% puro, é uma vibração muito elevada. Na realidade, o amor puro é a vibração *mais elevada* possível.

Podemos alcançar essa vibração abrindo o coração, orando, meditando, perdoando, conectando-nos com a natureza, e assim por diante. É quando você experimenta uma sensação de unidade, de amar a todos com toda a sua alma.

No entanto, tais momentos podem ser efêmeros, pois o "mundo real" nos puxa para uma vibração mais baixa, na qual julgamos a nós mesmos ou aos outros. Isso nos leva a nos ver como seres separados, o que, por sua vez, provoca solidão e dor emocional.

É aí que entram os anjos. Eles atuam nos mundos da não dualidade e da dualidade entre os quais oscilamos. Os anjos podem chegar até nós e nos ensinar, independentemente de nossos níveis de estresse, julgamento ou medo.

Algumas das mensagens deste livro talvez digam respeito a um conhecimento que você já tem e, assim, sirvam apenas de lembretes úteis. Eu mesma aprendi muito enquanto recebia as mensagens deste livro, descobri novas perspectivas e encontrei orientação prática.

Você também pode receber orientação deste livro abrindo-o em uma página aleatória. Ao fazer isso, o que você ler será uma mensagem personalizada.

Após esta Introdução, o restante do livro está inteiramente na voz dos anjos, exatamente como recebi suas mensagens. Tal como meus livros anteriores *Angel Therapy* e *Messages from Your Angels*, *Dez Mensagens que Seus Anjos Querem Dar a Você* foi ditado a mim pelos anjos, depois de eu lhes pedir orientação, em oração. Eles escolhiam os tópicos e me diziam exatamente o que escrever. Em meus livros anteriores, os anjos explicavam as respostas às minhas perguntas sobre a vida e o mundo. Neste livro, não fiz pergunta nenhuma, porque os anjos tinham uma tese inteira para compartilhar. Ao mesmo tempo em que ouço a voz coletiva dos anjos em meus ouvidos, também recebo visões e transmissões intelectuais de informação.

Curiosamente, paguei minha faculdade com a renda de muitos anos trabalhando como secretária. Nessa função, eu datilografava cartas que meus chefes ditavam em um gravador. Quando digito cartas dos anjos, sinto-me uma secretária *celestial*. Assim como eu transcrevia gravações enquanto estudava na faculdade, digito as mensagens que recebo tal como as ouço, sem nenhuma de minhas próprias opiniões ou pensamentos. É puro ditado, e você sentirá a vibração elevada das mensagens dos anjos conforme as ler.

Rezo para que a leitura deste livro o ajude a desenvolver uma conexão ainda mais plena com sua própria orientação divina. Que as mensagens destas páginas possam abri-lo às mensagens pessoais de Deus para você.

Com amor e respeito,

Doreen

O Sonho da Vigília

Uma Mensagem sobre sua Verdadeira Identidade

Caríssimo, iniciamos estas mensagens assegurando-lhe nosso total respeito pelas dificuldades que você enfrenta como personagem humana. Temos a maior compaixão ao reconhecer os desafios pelos quais você passa. Observamos as batalhas humanas e fazemos de tudo para intervir quando somos convidados a fazê-lo. É nossa missão despertar antigas lembranças em seu íntimo, para guiá-lo em seu caminho de volta para casa.

Não temos nada novo a ensinar ou compartilhar, somente esses lembretes do que você já sabe no âmago de sua alma. Pois somos feitos da mesma substância que você: somos criaturas do Criador Divino.

Somos os mensageiros do Criador, as próprias formas-pensamentos de Deus, que desejam chegar até você e despertá-lo para verdades jubilosas. Essas compreensões que vêm à tona aos poucos também permitem que você vivencie um sonho mais feliz. Pois é verdade que "a vida não passa de um sonho", o que o ajudaremos a compreender em termos práticos, com aplicações que, como você dirá, "melhoram" sua vida.

Enquanto lê nossas palavras, nós também nos conectamos individualmente a você. Você ouvirá uma segunda narrativa na sua mente e sensações enquanto lê nossas palavras aqui. Isso despertará compreensões que foram previamente bloqueadas em sua percepção consciente.

Você pediu para acelerarmos seu aprendizado espiritual, por isso nós o levaremos adiante tão depressa quanto lhe for confortável. Você está sempre e fundamentalmente no comando desse processo.

Podemos ver, ao mesmo tempo, a dualidade e a unidade do seu ser – embora a dualidade seja tão somente um sonho muito realista a que chamamos "aventuras do ego". Portanto, vemos o *seu ser* que está sonhando uma história em que se encontra sozinho e costuma sentir-se frustrado e abandonado. Um você sonhador que se pergunta onde está Deus e por que suas preces não estão sendo atendidas por Ele.

Vemos tudo em sua existência, desde as vibrações mais baixas até as mais elevadas, todas acontecendo ao mesmo tempo. Pois você tem lembranças cada vez mais conscientes de seu verdadeiro eu no que chamaria de "Céu" e que é um estado de existência que lhe explicaremos melhor.

Você se lembra de ser ilimitado. Você se lembra de como tudo reagia de imediato aos seus pensamentos e sentimentos. Você se lembra de um amor incondicional tão intenso que faz sua alma ansiar pela mesma experiência de fundir-se com outras almas.

Por vezes, à noite, sua alma viaja de volta para suas origens celestiais. Lá, você se reconecta com sua família de almas, bem como com educadores que dão aulas em templos cristalinos. Seu coração espiritual escancara-se, porque você se sente plenamente seguro ali. Não há ego, nem corpo, nem nada para proteger. Você está em casa.

E, então, você acorda, ironicamente, de volta ao sonho da vigília a que muitos chamam "realidade". Você se recorda de forma vaga de suas visitas oníricas, com um desejo de regressar. Cada vez mais você deseja lembrar-se das profundas verdades e conexões feitas durante a visita onírica. Não obstante, as visões e verdades que lhe são dadas no mundo multidimensional não fazem sentido no mundo tridimensional da vigília. Por isso, sua mente consciente as bloqueia até que alguma experiência evoque recordações antigas.

Acima de tudo, seu anseio é por aquela sensação de aceitação e pertencimento total que você vivencia no mundo celestial. Ali não há esforço algum para "provar sua própria capacidade", nem quaisquer preocupações com merecimento, pois a luz de todos resplandece com o mesmo brilho. O amor é uma constante cascata de abundância, de modo que não existe competição.

E é disso que você se lembra, talvez em um nível cada vez mais consciente. No mundo da vigília, você tem momentos que refletem tais prazeres. Talvez uma taça de vinho, um pedaço de chocolate, um encontro romântico ou uma conquista profissional lhe proporcione, por um instante, a sensação que você está buscando.

Ainda mais duradouras são as profundas relações entre a mãe ou o pai e o bebê, com todas as suas esperanças elevadas e o distanciamento de preocupações. Você também pode experimentar a pura conexão de unidade com um companheiro animal, em uma parceria serena, ou enquanto contempla o pôr do sol em um planalto.

Seu impulso instintivo prioritário não é por alimento ou poder, mas por unir-se ao amor. Você anseia por aceitação total, o que inclui aceitar-se a si mesmo sem reservas.

Quando não se sente totalmente aceito, você costuma se culpar. Talvez se preocupe com inadequações sociais e compense isso de forma exagerada tentando impressionar os outros, distraindo-se de... si mesmo.

Ou você pode culpar outra pessoa, o que costuma ser uma maneira de defender-se contra mágoas. A verdade é que a passagem do Céu à Terra está tão repleta de pressão que a maioria das pessoas fecha o coração em uma reação automática ao medo. Comparamos isso à mudança atmosférica quando descemos rapidamente em um avião, ou mesmo debaixo d'água. Há um peso que deriva da descida ao denso ambiente físico, e a sensação é de que tudo é desajeitado e esquisito... até mesmo você.

A temática da Terra é "incompletude", o que é irônico, pois Deus o criou completo. Isso inclui a realidade de você ter todo o poder necessário para satisfazer as necessidades terrenas de seu corpo.

Com seus pais você descobre a necessidade de proteger-se de perigos observados e competir ou lutar pela satisfação de suas necessidades materiais.

E, não obstante, de acordo com o que estamos aqui para ensiná-lo e orientá-lo, tudo de que você precisa já está com você como uma forma-pensamento que se materializa rapidamente. Isso será um *des*aprendizado para você e uma lembrança do que você sabia antes de sua encarnação terrena.

Por isso, vamos levá-lo de volta às origens de sua alma, para ajudá-lo a lembrar-se de quem você é, de sua verdadeira identidade, e de por que você está aqui.

Quem é Deus?

A imagem tradicional de Deus é a de um idoso sentado em um trono no céu. A personalização de Deus ajuda algumas pessoas a sentirem um vínculo mais estreito com Ele, algo semelhante a ter um tio amado que é um excelente ouvinte, extremamente prestativo e compreensivo.

Ver Deus como um homem distante é uma das origens da "ideia de separação", de acordo com a qual os seres humanos estão no denso ambiente terreno enquanto Deus e os anjos estão nas altas nuvens do Céu. Essas projeções antropomórficas eram, a princípio, uma maneira de explicar experiências na Terra, tais como tempestades, terremotos e incêndios. Histórias românticas sobre deuses e divindades satisfeitos e descontentes ajudavam os seres humanos a se sentirem mais no controle.

Daí surgiram rituais supersticiosos para apaziguar Deus e influenciar o desígnio de proteção e favores divinos. Observações da dinâmica de causa e efeito criaram tradições populares. Por exemplo, se alguém realizasse uma cerimônia específica para o plantio e, no dia seguinte, as mudas brotassem do solo, acreditava-se que aquela cerimônia havia sido a causa e as boas colheitas, o efeito.

Como a energia criativa de Deus *produz* resultados desejáveis, solidificaram-se crenças sobre como agradar a Deus e influenciá-lo. Estruturaram-se religiões e textos ao redor dessas crenças como uma maneira de compartilhar o que funcionava e o que não funcionava. Em sua essência, esse dogma é um ato muito amoroso de ensinar aos outros como receber as bênçãos de Deus.

No entanto, como você sabe, a religião pode tornar-se um reflexo de uma energia mais densa de medo. Se uma religião ensina o medo como uma forma de agradar a Deus, então as pessoas estão, na verdade, sendo afastadas de sua percepção consciente do amor de Deus.

A verdade está em um ponto intermediário, pois existem certas diretrizes para a sobrevivência e o estilo de vida que ajudarão uma pessoa a se sentir mais próxima de Deus. Ter a mente tranquila e clara, por exemplo, sem obstáculos como preocupações, raiva ou substâncias químicas, realmente facilita a compreensão dos comprimentos de onda das mensagens de Deus.

Não é que Deus fique descontente com determinado estilo de vida, já que Deus é 100% amor, sem nenhum espaço para nada menos que amor. Se você pensar em um círculo cujo interior seja inteiramente puro, então não há espaço para impureza. Se o círculo contém *somente* amor puro, então ele não pode conter também, ao mesmo tempo, julgamento, medo, raiva ou qualquer outra coisa considerada "negativa".

Deus, sendo puro amor, não tem em si julgamento, medo, raiva ou negatividade. Ensinamentos sobre um Deus furioso baseiam-se em crenças de que Deus destrói por vingança. Era assim que seus ancestrais se sentiam no controle, explicando por que as colheitas eram ruins ou desastres naturais aconteciam. Embora tivessem medo de futuras destruições por parte de um "Deus punitivo", eles também tinham a sensação de que poderiam evitar tais problemas fazendo sacrifícios para Deus.

Inicialmente, o sacrifício consistia literalmente na matança de animais e, às vezes, até de pessoas, como forma de "dar" algo a Deus em troca de clemência. Com a compreensão de hoje, os sacrifícios de sangue parecem primitivos, crueldades desnecessárias. Contudo, essa antiga superstição relativa ao sacrifício transformou-se no comportamento atual de autossacrifício, como negar suas necessidades emocionais e físicas básicas.

Há uma crença de que os outros (inclusive Deus) se compadeceriam de seu sofrimento e o poupariam. Essa crença é reforçada nos relacionamentos humanos, em que o sofrimento é recompensado com compaixão, pensão por invalidez, acordos judiciais e o carinho dos outros.

Por vezes, a dor do sacrifício é sentida em silêncio e secretamente. É semelhante ao que ocorre com animais de rebanho, que são expulsos caso revelem estar doentes, por causa do instinto de autopreservação do rebanho no sentido de evitar a disseminação de doenças contagiosas entre os animais. Animais que têm predadores também escondem suas doenças ou ferimentos de modo a não parecer fracos.

Assim, igualmente, os seres humanos distorcem a forma como lidam com seu sofrimento pessoal. Algumas pessoas vestem seu sofrimento com orgulho, como um mártir que exclamasse: "Veja tudo o que fiz por você!", ao passo que outras o escondem por vergonha, ou porque não querem afligir os outros.

Esconder ou ignorar o sofrimento pode diminuir um pouco seu impacto, pois é verdade que aquilo em que você se concentra cresce em tamanho e força. Porém, sofrer sozinho, em silêncio, pode prolongar a duração da dor. Pedir, e aceitar, a ajuda de outras pessoas – inclusive a dos anjos – pode reduzir a intensidade e a duração da dor.

E ainda assim, testemunhamos pessoas que rejeitam esse caminho de paz, porque duvidam que mereçam ser felizes. Portanto, passemos à discussão de seu merecimento.

Merecimento e confiança

Como reiteramos continuamente, Deus criou você. Deus, o excelso e infinito Criador do universo, fez *você*.

Todas as coisas e pessoas criadas por Deus são criações deliberadas. Não existem acidentes nem "produtos de segunda linha". Tudo e todos são criados exatamente por um motivo e para um propósito específicos.

Deus não lançou mão de partes aleatórias para criá-lo. Você foi feito *a partir de* Deus e *por* Deus. Portanto, a substância de todos vocês vem de Deus e por Deus.

Tudo e todos não apenas vêm de Deus como estão *em* Deus. Os confins das curvas e dos cantos do universo estão dentro de Deus. Os mais ínfimos *quarks* e átomos estão dentro de Deus. *Você* está dentro de Deus, juntamente com cada pessoa, animal, pássaro, peixe e árvore que partilha do mesmo lar que você. É um lar que se estende para muito além dos limites de um mero planeta. É um lar dentro da mente e do coração de Deus, e é onde você está neste instante, enquanto lê estas palavras.

Portanto, neste momento, você vive dentro do poder de Deus.

Você vive dentro do amor de Deus.

Você está, agora mesmo, dentro da saúde de Deus.

Você está, neste instante, na sabedoria e inteligência de Deus.

Todo o seu ser se encontra em Deus.

Não há nenhuma parte de você que esteja separada ou longe de Deus.

Uma vez que Deus é o estado de puro amor incondicional e está constantemente emanando esse estado, você é perpetuamente banhado na mais elevada frequência do amor. Você já está literalmente vivendo no Céu neste instante!

Se a sensação não é essa, é sinal de que você está caminhando por uma trilha vibracional inferior, de medo. A maioria dos seres humanos caminha por essa trilha e estimula outros a fazerem o mesmo. Todos os dramas diários perpetuam o medo, e a percepção desses dramas é considerada um sinal humano de inteligência.

Nós não só o ajudaremos a escolher o caminho do amor – nós dissolveremos o caminho do medo, para que ele já não seja uma opção.

A analogia de um caminho também não é totalmente exata, pois implica que você esteja viajando ou seguindo para algum lugar. Como é possível que alguém que já viva no âmago do conhecimento, do amor e da sabedoria suprema precise viajar, crescer ou progredir? Apenas na ilusão quimérica de inadequação e separação, como um pesadelo em que você tenta fugir de um monstro ou encontrar o caminho de volta para casa depois de se perder. Quando você acorda, percebe que não há monstros e que você já está em casa.

A autoconfiança não diz respeito a sua identidade individual, mas a quem você é e onde vive. Você *é* uma criatura do Criador, que – como qualquer pai amoroso – quer que todas as suas necessidades sejam satisfeitas.

Você sente e ouve os pensamentos de Deus, que são traduzidos em etapas de ação humana para você realizar. Talvez algumas dessas etapas o levem a uma carreira gratificante ou a outra condição que sustente seu caminho amoroso.

Quando Deus lhe transmite uma tarefa divina, pode ter certeza de que você foi escolhido a dedo para ela e será instruído exatamente sobre como cumprir essa missão. Desde que você esteja ouvindo e seguindo essas instruções, não há possibilidade de "fracasso". O êxito de sua missão é garantido.

Confie e tenha fé nas instruções de Deus, que sempre o conduzem pelo caminho do amor.

O termo *merecimento* pode sugerir que uma pessoa seja mais merecedora que outra, o que é um pensamento de separação baseado no medo. Contudo, a verdade espiritual desse conceito deriva da analogia do Sol, que emite seus raios de luz sem cessar. As plantas discutem se "merecem" receber a luz do Sol? Não, porque elas precisam da luz. E você também precisa dela.

Quando recebe o auxílio de Deus por meio de belas experiências ou do atendimento das suas necessidades, você é uma planta que sorve a luz do Sol com gratidão. Isso permite que você se fortaleça e compartilhe sua força com os outros.

A esse respeito, o merecimento não se trata apenas de receber individualmente. Não se trata de egoísmo. Merecimento significa, em termos mais precisos, permitir-se receber todo o amor edificante que Deus emana sem cessar. E, ao recebê-lo, você também inspira, edifica e ajuda os outros. Quanto mais se permite receber, mais você pode dar.

O sofrimento é real no âmbito físico, mas não no âmbito espiritual

Voltemos agora à discussão sobre seu Criador e a verdadeira natureza de seu ser, leitor, bem como do mundo que você vivencia...

Concordamos que Deus é puro amor, sem nenhum espaço para coisas negativas. Muitos já fizeram o lógico questionamento sobre onde está Deus em meio ao sofrimento humano. "Por que Deus não impediu ou remediou isso?" é um clamor que costumamos ouvir, e desejamos respondê-lo agora.

Primeiro, sabemos que esta passagem pode ofender ou chocar alguns, mas trata-se de uma verdade espiritual. Por favor, leia esta seção inteira para compreendê-la:

Deus não vê o sofrimento, nem sabe de sua existência.

Isso porque Deus é puro amor e consegue conhecer e ver tão somente o puro amor. Qualquer conhecimento do sofrimento indicaria que uma parte de Deus é menos que puro amor, o que é impossível.

Deus, em sua onisciência, vê você e todas as demais pessoas como realmente são: seres reluzentes de puro amor Divino e todos os aspectos benéficos do amor. Portanto, você é forte, poderoso, sábio, inteligente, criativo, amável, próspero, saudável, equilibrado, e assim por diante.

Seu verdadeiro eu, também conhecido como seu eu superior, está 100% unido a Deus, sendo uno com Ele. Assim, seu verdadeiro eu também não vivencia nem vê o sofrimento. Isso não equivale a dizer que o sofrimento e a dor não sejam fisicamente reais, pois nós, anjos, conseguimos ver essas dificuldades. O sofrimento não é real no âmbito espiritual, mas é real no âmbito físico, e você verá como a compreensão dessa distinção traz cura, proteção e paz.

Todo o sofrimento deste mundo vem do oposto de Deus: o medo, bem como seus atributos de culpa, ciúme, competitividade, sensação de carência, e assim por diante. Essa é uma forma de esquecimento, na qual os seres humanos se esquecem do poder do puro amor que é a sua verdadeira identidade. Então, eles começam a agir a partir de uma perspectiva de vulnerabilidade e impotência.

O sonho do medo

É claro que, na verdade espiritual, é impossível que as criaturas de Deus sejam vulneráveis e impotentes. Deus deu a você e a todos os mesmos dons espirituais, igualmente completos, os quais são semelhantes ao que você chamaria de "superpoderes", pois permitem que você crie como Deus cria, por meio da intenção direcionada.

Na realidade, nós, anjos, e o Espírito Santo somos as "pontes" entre a consciência de puro amor de Deus (que também é a consciência de puro amor do seu verdadeiro eu) e o mundo do sofrimento e da separação. Nós podemos ver as realidades espiritual e física das manifestações do amor e do medo.

Nós, anjos, somos enviados como intermediários para elevar suas vibrações aos níveis mais altos. Embora nós, como você, sejamos unos com a vibração mais elevada e mais pura do amor de Deus, nós também podemos entrar no pesadelo da separação. Assim como as cores intervaladas no arco-íris, somos capazes de passar às vibrações densas a fim de conectar você com as vibrações mais elevadas.

É por isso que, às vezes, é mais fácil sentir ou ouvir um anjo ou o Espírito Santo, enquanto Deus pode parecer distante. A única razão dessa experiência é que seu foco no medo cria uma vibração mais baixa, que não se conecta conscientemente com a vibração máxima do puro amor.

Quando você fica enredado em pensamentos ou sentimentos de medo, Deus parece distante. Isso se assemelha a uma criança que entra em pânico quando se vê separada do pai ou da mãe. No entanto, Deus nunca está distante, pois Ele é onipresente (o que significa que está em todo lugar). Deus está dentro de você e dentro de todas as pessoas e situações. Isso significa que o puro amor está dentro de você, dentro de todos e em toda e qualquer situação.

Não há um único espaço, por minúsculo que seja, em que o puro amor de Deus não exista, exceto em um sonho de medo. E como o sonho não é real na verdade espiritual, o medo também não existe.

E quanto ao medo de um perigo mortal ou de não ter suas necessidades atendidas? Essas são questões físicas que discutiremos com você. Por ora, porém, saiba que seu verdadeiro eu não tem preocupações, temores ou inquietações quanto à proteção e alimentação de seu corpo. Todas essas preocupações vêm de seu eu inferior.

Nós, anjos, e o Espírito Santo conseguimos descer ao sonho do medo para resgatar você e fazê-lo subir novamente à consciência de puro amor do seu verdadeiro eu. Somos os cavaleiros de Deus, enviados com a missão de mantê-lo centrado em seu verdadeiro eu e despertá-lo dos pesadelos da dor, do sofrimento, do vitimismo e de outros aspectos do medo.

Por que 2 + 2 ≠ 3

Uma Mensagem sobre o Livre-arbítrio

Você deve ter ouvido falar que os medos se concretizam por si mesmos, e isso é parcialmente verdade. No entanto, um aspecto que precisa de explicação é que o medo – por ser irreal – não tem nenhum poder criativo verdadeiro. Apenas o que Deus criou pode criar.

Assim, concentrar-se no medo pode parecer criar uma experiência de medo, mas o que realmente ocorre é que uma consciência amedrontada é uma *inconsciência*. Sem ter a percepção do amor em foco, sua vida é como um navio sem um capitão ao leme. As correntezas ao redor o afastarão do destino que lhe foi planejado.

Em nossa analogia, essas correntezas seriam as energias de medo de seus próprios pensamentos e dos pensamentos das outras pessoas. Assim, não é que você esteja criando ou atraindo situações dolorosas, já que seu poder divino de criação não pode criar nada senão desdobramentos de amor. É apenas que a falta de percepção do amor o deixa aberto à influência de energias de medo. Mais uma vez, como acontece na analogia do navio à deriva.

Agora, você bem pode perguntar: *Se o amor realmente permeia tudo, como alguém pode concentrar-se em algo que não seja amor?* Isso nos leva à natureza do mundo físico, que investigaremos logo mais. Por ora, gostaríamos de manter o foco em sua verdadeira identidade pessoal. Comecemos essa discussão com a análise do conceito de "livre-arbítrio".

A verdade sobre o livre-arbítrio

A maioria das pessoas acha que o livre-arbítrio é a capacidade que elas têm de tomar suas próprias decisões. De fato, você provavelmente ouviu que Deus deu livre-arbítrio às pessoas e que o motivo do sofrimento é que Deus não pode intervir nas escolhas voluntárias de alguém sem o seu consentimento. Essa é uma maneira correta, ainda que simplista, de compreender o livre-arbítrio.

Eis a explicação mais detalhada: o livre-arbítrio significa que ou você está criando a partir do amor, no mundo real, ou está criando no mundo onírico de tudo quanto não perdura. Desse modo, você pode criar experiências temporárias que talvez considere instigantes, criando-as no âmbito do sonho. Porém, tão logo você desperta, as figuras e criações oníricas evaporam, voltando ao lugar de onde vieram: lugar nenhum. Isso dá origem a uma experiência de tudo ou nada cheia de altos e baixos, na qual neste instante você está exultante e, no seguinte, está preocupado.

Escolhas com base no livre-arbítrio significam realmente que você pode escolher em que aspecto do amor se concentrar. Assim como as diversas cores juntas formam o arco-íris, existem também diversas variações do amor, tais como gratidão, apreço, compaixão e auxílio.

Quando opta por concentrar-se no amor, você dá origem a criações reais e duradouras significativas e repletas de bênçãos para você e para os outros. Você é um sol emitindo raios de luz para aquecer e iluminar os outros.

A escolha pelo amor é a vibração mais elevada que, por sua vez, o conecta com as ideias e percepções de máxima vibração. Você recebe "transferências" de ideias e epifanias brilhantes, bem como de ideias práticas e orientação que o ajudarão em sua vida cotidiana.

Por que as orações parecem não ser atendidas

Outro aspecto do livre-arbítrio que precisa de mais explicações é o motivo pelo qual algumas orações parecem não ser atendidas. O mais comum é vermos essa frustração humana quando alguém ora pela saúde de um ente querido.

É fundamental compreender que as decisões tomadas por uma pessoa com relação à sua saúde e tempo de vida são muito pessoais. Essas são decisões voluntárias, baseadas em muitos fatores.

Quando uma pessoa está em uma grave crise de saúde, sua consciência já está conosco, no Céu, como em um perpétuo estado de sonho. Nesses momentos de consciência onírica, nós mostramos à pessoa suas várias opções. Ela vê e vivencia como seria escolher a recuperação, a passagem ao Céu e outros caminhos.

A pessoa vivencia antecipadamente como tais escolhas afetarão seus entes queridos. Por exemplo, uma pessoa envolvida em um grave acidente vivenciará e decidirá se é melhor viver com uma deficiência e, assim, arriscar-se a afetar o estilo de vida de sua família, ou falecer fisicamente, assumindo o risco do sofrimento da família. Cada pessoa avalia essas opções com a ajuda de seus companheiros celestiais.

Tenha certeza de que nenhuma decisão de permanecer vivo ou de morrer jamais é tomada de modo inconsequente. Se alguém está determinado a ficar, isso acontecerá – e é nesses casos que as pessoas afirmam que suas preces foram atendidas. As orações dão à pessoa a força de escolher ficar, e orações fervorosas também a ajudam a perceber como é profundo o amor de sua família.

Toda oração é ouvida, sentida e recebida. Quando você ora pela saúde de alguém, sua prece envolve a pessoa com a cálida energia do amor... desde que suas orações sejam exclusivamente pelo bem-estar da pessoa.

Assim como quando doamos algo aos outros, as orações podem ser motivadas pelo amor ou pelo medo. Portanto, se você estiver orando pela saúde de uma pessoa porque não quer que ela sofra e porque você se importa com a felicidade e o propósito de vida dela, essa é uma oração motivada pelo amor e fará bem a ela. No entanto, se você ora pela saúde dessa pessoa porque tem medo das consequências que você enfrentará, essa é uma oração fundamentada no medo.

O que você dá é o que você recebe, sempre. Assim, pode parecer que algumas orações são ignoradas simplesmente porque orações de vibrações baixas permanecem nas baixas vibrações do plano terreno. Isso é semelhante a forçar a ocorrência de algo. Você pode tentar forçar um milagre ou persegui-lo com insistência, mas os resultados serão uma miragem, uma ilusão material, e não serão gratificantes nem durarão muito tempo.

Desse modo, como orar por si mesmo com amor altruísta? E se você realmente precisar de alguma coisa? Será uma oração egoísta, motivada pelo medo?

Essas são questões pertinentes que analisaremos a seguir.

A oração com intenções amorosas

Tal como proporcionar algo aos outros, prover a si mesmo começa com uma idêntica escolha entre o caminho do amor ou do medo. Isso também se aplica à oração para si mesmo.

Ao orar, esteja muito consciente das intenções por trás de suas orações. *Por que* você está rogando por isso? Se for um motivo fundamentado no medo, você reconhecerá que acredita estar carente de algo cuja satisfação pode vir de fora. Por exemplo, se você acredita que lhe falta felicidade e roga por um objeto ou uma situação que lhe proporcione felicidade, essa é uma oração que não pode ser atendida. Por vezes, talvez pareça que as orações são bloqueadas ou adiadas, mas isso não é porque Deus esteja "negando" o que se pede, ou por causa de um bloqueio universal: é porque o foco se afasta do amor.

Isso equivale a exigir que 2 mais 2 sejam 3. Por mais que você implore a Deus e faça sacrifícios, 2 mais 2 nunca serão 3. Rogar por uma recompensa externa que corresponda à felicidade, satisfação ou paz nunca poderá dar um resultado plausível. E como o resultado não é plausível, você pode vir a acreditar que sua prece foi ignorada, e talvez se sinta confuso. Como você viu a partir do exemplo matemático, suas orações não estão sendo ignoradas. Elas simplesmente não fazem sentido.

A mesma ausência de resultados acontece quando você delineia *como* deseja que suas preces sejam atendidas. Por exemplo, se seu desejo é mudar-se para uma casa nova, talvez você rogue para ganhar na loteria a fim de pagá-la. Isso é basicamente entregar um roteiro para Deus de como você espera que tudo se resolva.

Nesse cenário, o medo se manifesta como falta de confiança na sabedoria infinita de Deus (que é una com a sabedoria do seu verdadeiro eu). Existe um temor de que você não conseguirá ajuda para suas necessidades de moradia se não der ideias a Deus de como atender sua oração.

O caminho do amor na oração para si mesmo é repleto de gratidão e fé na providência de Deus que satisfaz suas necessidades terrenas. É um jubiloso *Aleluia!* por saber que Deus o está conduzindo a um lugar maravilhoso, onde seus serviços levarão bênçãos para outras pessoas.

Na oração baseada em amor, você tem fé absoluta na sabedoria de Deus, que saberá cuidar de todos os detalhes. E, como a mente de Deus está unida à sua, você recebe orientação imediata, se suas ações forem necessárias. Por exemplo, você pode ter um forte impulso de passar, de carro, por certa rua. Ao seguir essa orientação – *voilà!* – você encontra uma casa maravilhosa dentro da margem de preço que você pode pagar.

Digamos que você seja orientado pelo Divino a ser um curador. Talvez você já tenha aplicado técnicas de cura em amigos, animais de estimação ou profissionalmente. Você sentirá enorme alegria e uma sensação de atemporalidade sempre que estiver engajado em algo relacionado a cura. Essa é uma intenção fundamentada no amor.

No entanto, se você questiona seu chamado para trabalhar com cura, então afastou-se muito do caminho do amor. Pode ser que você esteja inconscientemente procurando meios externos de confirmar seus dons de cura, decidindo, por exemplo – por conta própria, em razão das incertezas – que precisa ter um "centro de cura", ou ter obras publicadas, ou conseguir um diploma, ou receber algum outro tipo de validação externa antes que possa ser o curador que Deus o está orientando a ser.

Orações como essa não são atendidas como se um gênio realizasse seu desejo – e isso porque, mais uma vez, elas estão pedindo para que 2 mais 2 sejam 3.

A única espécie de oração que é ouvida é uma intenção baseada no amor, em que, com alegria, você pretende compartilhar seu contentamento, sua luz, sua energia curativa e outros recursos com outras pessoas.

Agora, abrir um centro de cura, publicar um livro e obter um diploma só serão caminhos baseados no medo apenas se você os desejar *por causa* dos medos. Ao contrário, se você se sente alegremente orientado a tais empreitadas, esse é seu caminho amoroso. Mesmo em um caminho amoroso, você ainda pode se deparar com inseguranças externas e internas. O segredo é como lidar com tais medos: internamente, ouvindo a voz de sua consciência e criando estratégias para se acalmar; ou externamente, optando por realizar um "feito" para dar sustentação ao seu ego.

O caminho do amor é centrado no interior, ao passo que a estrada do medo sempre procura por soluções externas. Você pode *sentir* nossas palavras conforme lhe comunicamos essas diferenças entre amor e medo. A vibração elevada do amor é sempre harmoniosa, como uma bela melodia. O amor traz uma sensação de aconchego, segurança e carinho, enquanto o caminho do medo parece "estranho", como se alguma coisa estivesse errada.

Assim, voltando ao nosso exemplo sobre a cura, uma oração motivada pelo amor seria algo como pedir que Deus lhe atribuísse tarefas divinas de fornecer serviços de cura. Você acredita, com fé, que Deus sabe exatamente quem poderia ser compatível com sua energia de cura, e qual seria o melhor lugar para que as curas aconteçam. Você confia que, se alguém o procurar em busca de cura, essa pessoa terá sido enviada por Deus. Tais curas podem ocorrer em um lugar informal, porque não importa *onde*. Você também não se preocupa com a remuneração financeira de seu trabalho de cura, porque sabe que, enquanto caminhar pelas portas que Deus lhe abrir, todas as suas necessidades terrenas serão satisfeitas.

Isso não significa que Deus lhe dará riquezas, já que um caminho amoroso normalmente envolve simplicidade. É claro que você terá um lugar seguro e confortável para viver, bem como tudo de que precisar (e não tudo o que quiser) para realizar seu trabalho inspirado pelo Divino. Porém, exterioridades sofisticadas feitas para impressionar os outros derivam sempre de um caminho de medo, que não é o que Deus quer para você.

Se você vive excedendo seus recursos financeiros para adquirir coisas que, em sua opinião, impressionarão os outros, esse é um caminho de vibração inferior que sempre levará a mais experiências de carência e, em regra, provocará dor e drama.

Os caminhos inferiores do medo e da insegurança nunca poderão conectá-lo aos caminhos mais elevados que você deseja trilhar. O caminho do medo nunca leva ao que você está buscando. Ele sempre promete felicidade, mas, em vez disso, traz vazio e solidão. Exterioridades são miragens, ilusões vazias de energia.

Perdoe-se caso você tenha sucumbido ao caminho do medo. A maior parte das pessoas já fez isso. Desde que você esteja *ciente* dos efeitos desse deslize, então ele foi uma experiência útil de aprendizado.

Do mesmo modo em seu caminho amoroso, seu foco total está em seguir alegremente as mensagens intuitivas que recebe e em compartilhar os dons concedidos por Deus enquanto *é* orientado – mergulhado em amor em vez de insegurança, culpa, obrigação, competição ou outras formas de medo.

Bênçãos no caminho do amor

Talvez um dos benefícios mais valiosos de seu foco amoroso seja que você para de duvidar de si mesmo e de suas ideias. Você tem plena confiança na realidade das ideias de vibração elevada e fé absoluta que será conduzido – um passo por vez – a transformá-las em realidade.

Compare esse foco amoroso com um foco baseado no medo, que geralmente nasce quando se quer algo baseado na crença de que se está separado de Deus e das outras pessoas. Por exemplo, você talvez se sinta inseguro na esfera social e acredite que as outras pessoas o estão julgando ou evitando. Assim, você tenta compensar isso promovendo a si mesmo com algo que o faça se sentir "especial".

Bem, "especial" é o mesmo que "separado", e as duas condições levam a uma profunda solidão, pois você se sente isolado de Deus e das outras pessoas. Você passa a sentir "saudade do Céu", de onde sua alma guarda lembranças da deliciosa sensação de segurança, autoconfiança e unidade com tudo. Você começa a buscar freneticamente por essas sensações celestiais e frustra-se por elas serem efêmeras e fugidias. Você anseia por se conectar com Deus, com outras pessoas, e com a sensação de ser amado.

A abordagem baseada no medo diz que se você conseguir que as pessoas o admirem, gostem de você ou tenham inveja de você, então você experimentará aquelas mesmas sensações celestiais. Logo, você se esforça para comprar a melhor casa, as melhores roupas, os melhores carros, e obter diplomas e outras honrarias. E talvez isso *proporcione* mesmo uma sensação de sucesso e orgulho.

E, sim, as pessoas podem realmente se interessar por você. Contudo, é provável que elas se sintam atraídas por aquilo que acreditam que você lhes possa fazer. Elas também estão perdidas, sentindo-se apartadas de sua Fonte, e se esqueceram da identidade e do poder que Deus lhes deu. Então, elas estão procurando por "fontes" externas e são como que atraídas por alguém que pareça ter poder, prestígio, prosperidade e assim por diante.

Eis a verdade de Deus: Nada neste mundo material jamais o fará feliz para sempre. Nada externo leva à felicidade interior. Encarar essa compreensão pode deixá-lo deprimido em um primeiro momento. Porém, depois você se sentirá feliz, porque a busca terminou. Aquela busca custosa por felicidade, que consumia seu tempo e o distraía, finalmente chega ao fim.

Tentar ganhar ou comprar a aprovação de outras pessoas apenas o afasta do foco amoroso que pode levar a relacionamentos verdadeiramente gratificantes e harmoniosos. Se alguém o julga, essa é uma escolha de baixa vibração feita pela pessoa, mediante seu livre-arbítrio. Julgá-la de volta ou tentar ganhar sua aprovação é unir-se a ela no caminho de baixa vibração.

Em vez de vibrações baixas, vibre *amor*. Retome suas noções básicas sobre a identidade espiritual verdadeira e fundamental de cada um. Recuse-se a seguir o caminho de baixas vibrações! Suba rumo a estradas mais altas tendo por foco a realidade de Deus. Veja somente amor em si mesmo e nos outros, e os relacionamentos fundados no medo serão sanados ou desaparecerão aos poucos. Ou você inspirará os outros e os elevará à vibração amorosa, ou – se a livre escolha deles for diversa – eles se encontrarão no caminho do medo.

Nós, anjos, surgiremos como personagens do sonho em que você é atirado a um planeta cheio de perigos e de estranhos frios e indiferentes. No sonho, nós o levamos de volta ao discernimento de seu lar celestial junto de Deus. Você permanece ainda em seu corpo físico; porém, a mudança é de um foco de medo para um foco de ajudar outras pessoas que estão sonhando. Você passa do egoísmo para o altruísmo.

Escolhemos a dedo a frase a seguir para animá-lo e recomendamos que você a repita para si mesmo muitas vezes: "Sou muito abençoado(a)". Sinta seu coração abrir-se com gratidão enquanto diz: "Sou muito abençoado(a), sou muito abençoado(a), sou muito abençoado(a)".

E, sim, é realmente verdade que você é abençoado! Como Deus poderia criá-lo de outro modo? Ao afirmar que você é abençoado, você reestrutura sua própria essência física, transformando-a em uma energia mais cristalina, de vibração elevada. O adágio "riqueza atrai riqueza" aplica-se a você, pois você passa a atrair magneticamente mais bênçãos.

Egoísmo, altruísmo e sacrifício

Diante de todas as bênçãos recebidas no caminho amoroso, você será naturalmente orientado a partilhar com os outros. É aqui que precisamos explicar a diferença entre ajudar quando se está no caminho amoroso e "ajudar" quando se está no caminho do medo.

Na ajuda amorosa, você é orientado internamente a prover os outros (e isso inclui animais e o meio ambiente) em termos materiais, energéticos e emocionais, de coração aberto.

Você sentirá ainda mais alegria ao ajudar os outros a ficarem alegres. Trata-se *deles*, não mais de como "fazer com que gostem de você".

Pense em si mesmo como uma vela usando a própria chama para acender outras velas. Sua chama não diminui à medida que acende os demais pavios. Na verdade, sua luz é realçada quando as outras velas também estão brilhando.

Compare isso com iniciativas de ajuda empreendidas no caminho das baixas vibrações do medo. Isso envolve ajudar os outros por culpa, sentimentos de obrigação ou preocupações de que os outros não gostarão de você, ou o abandonarão, ou o demitirão caso você não os ajude. Nesse cenário, você está oferecendo uma doação vazia – ou ainda pior, tóxica – para os outros. Isso equivale a entregar-lhes uma caixa cheia da energia do medo. Não existe amor nessa forma de doação e, por isso, os resultados não ser*ão* gratificantes nem duradouros.

O que você dá, você recebe em troca. Se der amor, receberá amor. Se der medo, receberá medo. Talvez não da mesma pessoa para quem você deu amor ou medo, mas, de algum modo, você sempre receberá exatamente a mesma energia, que volta, como um bumerangue, para você.

A ajuda dada no caminho das baixas vibrações do medo equivale à crença no sacrifício como demonstração máxima de amor e como método de apaziguar e obter misericórdia. Há uma superstição de que você será recompensado por seu martírio, ou que você será uma "pessoa melhor" por ter pensado nos outros em vez de pensar em si mesmo.

Não obstante, sofrer e sacrificar-se são verdadeiramente atos "desinteressados" de altruísmo? Se a ajuda é dada sob certas condições (ou seja, *espero receber gratidão, amor, ou outras recompensas*), então ela não está na máxima vibração do amor puro.

O verdadeiro altruísmo não envolve pensamentos sobre o que você receberá. O ato de doar a partir de uma perspectiva de amor é tão gratificante e prazeroso que ele é sua própria recompensa.

Esse doar-se com base no amor ocorre sempre sob orientação divina. Isso significa que você recebe um pensamento ou sentimento intuitivo no sentido de ajudar alguém que precisa. Agir de acordo com essa intuição costuma redundar em sincronicidades e na sensação de ter uma "experiência mágica".

Essa euforia que você sente quando se doa com amor aos outros é a conexão direta com o Céu e a bem-aventurança que você procura. Desde que ofereça ajuda a partir da perspectiva do amor, você sempre receberá essa satisfação duradoura como recompensa. Não há necessidade de reconhecimento ou prêmios externos.

O "egoísmo" é o caminho de medo em que se acredita que não existe um suprimento suficiente para todos. É uma manifestação da crença na escassez. Com essa crença vêm o pânico e a insegurança quanto a ter o suficiente. Mesmo que exista o suficiente, o estresse de crer que há escassez cria a experiência de que não há o bastante.

O caminho amoroso foi demonstrado na analogia bíblica dos pães e dos peixes, que foi uma prova da multiplicação de tudo quanto se doa com alegria. Jesus Cristo ensinou e ensina pelo exemplo, como alguém que está inteiramente no caminho do amor.

Altruísmo não é o mesmo que sacrifício, como já dissemos. Altruísmo é a experiência de ser tremendamente feliz, de sentir que você está no lugar certo, desvinculado da percepção do tempo ao doar-se pela alegria de doar. Esse é o caminho do amor.

Na própria língua portuguesa, você pode testemunhar essas distinções assim:

- *Ego-ísmo: Ego* refere-se à identificação com o eu inferior, a crença egoica em um eu apartado e especial. O foco é no eu, não nos outros.

- *Altru-ísmo: Altr* [com raiz no latim *alter*, outro] revela um foco na unidade e no eu superior em vez de no eu inferior apartado.

O altruísmo é verdadeiramente o caminho mais elevado para a felicidade, a saúde, a abundância, e tudo aquilo que você considera desejável e duradouro. No altruísmo, você percebe que está em unidade com Deus e com todas as outras pessoas. Portanto, você não alimenta julgamentos com relação a si mesmo ou aos outros. Você não analisa os outros e nunca se concentra nos dramas.

Como um anjo, você vê o divino dentro de si e dos outros. Isso o fortalece para além de qualquer tipo de força humana.

A compreensão de que cada pessoa é um filho amado de Deus que está dando o melhor de si o coloca na estrada celestial mais elevada que você pode vivenciar enquanto ainda está sobre a terra. Você se reconcilia com os outros a partir dessa atitude.

O egoísmo é a outra face da ideia de sacrifício. No sacrifício, há uma noção de desalento e raiva contida porque outras pessoas se beneficiaram de sua generosidade sem lhe dar as recompensas e o respeito que você merece. Isso é o caminho do medo.

Nessa mesma linha, o ego prega que o sofrimento é o caminho da "salvação", pois por ele *são perdoados* os desvios que o afastaram do Céu. Tudo isso deriva da crença errônea do ego de que você se afastou do seio de Deus e agora está voando, sozinho, pelo universo físico. Surge uma profunda sensação de culpa por você ter abandonado seu Criador e seu verdadeiro lar, e a culpa sempre teme represália, punição e retaliação por seus atos.

A totalidade da noção romântica de trevas *versus* luz fundamenta-se exatamente nessas premissas. A imaginação do ego gera caos, instabilidade e outras formas de medo produzidas à sua própria imagem e semelhança.

O egoísmo é a atitude de proteger-se cuidadosamente do perigo. Implica tensão, preocupação, e nele nunca existe paz – não importa quantos louvores ou pertences materiais alguém acumule.

Agora, isso significa que você precisa levar uma vida ascética, negando-se prazeres terrenos a fim de alcançar seu nirvana de paz interior? Bem, com certeza há muito que dizer em favor de uma vida de simplicidade.

Por exemplo, nós o orientamos a observar os diversos estressores que você encontra ao longo do dia, e a realmente analisar a origem deles. Observe como cada estressor surge em sua vida. Você comprou um objeto porque acreditava que ele lhe traria prestígio, mas percebeu que, em vez disso, ele está causando apenas estresse? Você entrou em um relacionamento mesmo tendo recebido alertas internos para evitá-lo? Você negligenciou uma responsabilidade terrena e agora você já não pode ignorá-la?

Ao perceber como suas escolhas influenciam seus níveis de estresse, você naturalmente deixará de escolher o caminho do estresse (que equivale ao caminho do medo).

Você não precisa perseguir a paz, porque ela já foi introduzida em você quando de sua criação. Deus, sendo paz, criou-o cheio de paz.

E não é como com uma estátua de mármore, que você precisa cinzelar a fim de revelar seu eu cheio de paz. As partes de você que não estão em paz são ilusões de separação e trevas que desaparecem em um instante quando as luzes da consciência são acesas.

Esforço

Acumular cada vez mais é a característica marcante de um ego apartado que quer criar um substituto para o Céu. Como uma "criança em uma loja de doces", o ego se esforça para alcançar uma euforia que só pode ser alcançada por intermédio da consciência de amor e unidade do eu superior.

No entanto, o ego não conhece o amor, apenas a satisfação temporária. É aí que vemos seres humanos "buscando a euforia" que conseguiram inicialmente àquela primeira mordida, a o primeiro gole, ao primeiro ato de inalar, ou quando compram um objeto novo. Essa euforia desaparece depressa. Então, surge um ciclo compulsivo em que se procura outra maneira de conseguir aquela euforia e sustentá-la.

As euforias do ego são necessariamente temporárias porque não foi Deus quem as criou – foi o medo.

Isso não quer dizer que você não possa desejar uma casa e um automóvel que sejam seguros e confortáveis, as roupas e o alimento de que você precisa, e assim por diante.

Eis aqui o teste decisivo que o ajudará a reconhecer se seus desejos derivam do ego (e trazem prazer temporário) ou do eu superior (e proporcionam paz duradoura):

- Se for um desejo do ego, a base é a separação. Exemplos são tentar impressionar alguém, ganhar amor ou aprovação, fazer com que alguém goste de você ou o perdoe, ostentar quanto poder ou dinheiro você tem, proteger-se de jogos de poder ou de ataques, vencer uma competição, ou sentir uma euforia compulsiva com a conquista do objeto ou da situação desejada.

- Se for um desejo do eu superior, sua base é unidade e amor. Exemplos são seguir a voz da consciência para buscar mais instrução com vistas a educação para seu propósito de vida, ter um lugar ou fórum para ensinar ou curar outras pessoas, vender seus serviços ou produtos porque eles levam bênçãos aos outros, ou um desejo genuíno de servir.

Nos dois cenários, você receberá algo em troca de seus esforços. Porém, como você pode ver, o mais desejável dos dois caminhos é o do amor.

Você também desfrutará de outro benefício ao seguir o caminho do amor: atrair pessoas amorosas que se interessam por sua missão e desejam apoiá-lo e ajudá-lo. Isso é o oposto de trilhar o caminho da separação e do egoísmo, que afasta as pessoas.

O caminho do eu superior traz uma sensação de naturalidade e conforto, como um abraço carinhoso. Não há necessidade de sacrificar, agradar, apaziguar nem apelar para nada a fim de conquistar sua paz. Você já está em paz!

Despertar Juntos

Uma Mensagem sobre seus Relacionamentos

Em um relacionamento, as escolhas são iguais àquelas de seu relacionamento consigo mesmo: o caminho do medo ou o caminho do amor.

Duas pessoas podem estar trilhando o caminho do medo juntas, aparentemente com o intuito de uma proteger a outra e encontrarem, juntas, a felicidade em um mundo assustador. No entanto, toda vez que uma ou mais pessoas caminham com medo, a experiência sempre resulta em medo. É quando o relacionamento se transforma em uma montanha-russa imprevisível de emoções dramáticas.

Você pode ter a sensação de que será mais feliz se abandonar essa pessoa. Contudo, se, depois disso, seguir trilhando o caminho do medo sozinho, *você ainda estará no caminho do medo*, com todas as suas consequências desagradáveis. Você talvez encontre outra pessoa com quem trilhar o caminho do medo, mas terá o mesmo resultado frustrante.

Quer você tenha um pesadelo sozinho, quer o tenha quando está dormindo ao lado de alguém que também está tendo um pesadelo, os resultados são igualmente aterrorizantes. E, sim, quando você acorda e a outra pessoa lhe dá um abraço reconfortante, existe um alívio temporário com relação ao medo. O fim do medo e o sentimento de amor são o despertar real e verdadeiro.

Os caminhos do amor e do medo não têm intersecções nem áreas em comum, tampouco lugares de encontro. Eles são vibrações totalmente diferentes, como a faixa violeta do arco-íris, que se estende paralelamente à faixa vermelha. Não há uma zona de transição em que ambos se misturam: ou você está no caminho do amor, ou está no caminho do medo.

Assim como acontece quando você está dormindo, você pode estar no caminho do medo e, então, "despertar" para o caminho do amor. Para a maioria dos seres humanos, existe uma montanha-russa, que segue aos solavancos entre ambos os caminhos. Isso cria uma sensação inquietante de instabilidade e confusão.

Você não pode estar nos dois caminhos ao mesmo tempo. Ou você está desperto para sua verdadeira realidade de estar vivendo, com aconchego e conforto, no seio de Deus, ou está adormecido para essa realidade e esqueceu quem você é, de onde veio e onde está agora.

O que você procura em seus relacionamentos é uma fusão, uma sensação de unidade que só pode ser vivenciada quando duas pessoas caminham juntas pelo caminho do amor. Isso exige uma grande dose de consciência e honestidade consigo mesmo, e é por isso que você se dá ao trabalho de aprender sobre tais verdades.

Analisaremos a seguir o desvio que mais mantém os seres humanos adormecidos e no caminho do medo.

O desvio do tédio

O desejo predominante dos sonhos de alguém que está adormecido é despertar do pesadelo de sentir-se separado da Fonte-Deus-Criador. Mas o despertar é um processo em que é preciso fazer escolhas voluntárias.

A sensação de tédio é uma inquietação que surge quando você está infeliz com sua situação atual. É como assistir televisão com um controle remoto que está mudando eternamente de canal: sempre buscando a cena correta com a qual você se sinta inteiramente conectado; alguém ou algo que o entretenha, o deixe alegre e o aprove.

Não haveria problemas com esse desejo de algo melhor se ele viesse de uma intenção amorosa de ajudar os outros ou de munir-se dos meios para satisfazer suas próprias necessidades. O inconveniente do tédio é que ele apresenta uma infinidade de montanhas que devem ser escaladas. Quando você chega ao pico de uma, vê outras mil à sua frente. Isso provoca um profundo sentimento de futilidade e uma atitude de exaustão perante a vida marcada pela pergunta *Para quê?*

Esses são os processos subjacentes, em geral inconscientes, que estão por trás do ímpeto existencial de encontrar significado. Quando os seres humanos se esforçam para responder às perguntas: *"Por que estou aqui?"* e *"Qual é meu objetivo?"*, eles estão, na verdade, expressando uma insatisfação com seu verdadeiro estado espiritual de ser um filho amado de Deus, imerso na mente e no coração de Deus.

Inquietação e tédio são desejos de que algo preencha o vazio e traga paz, felicidade e uma sensação de significado. Existe uma busca frenética por algo ou alguém, como, por exemplo, um alimento, uma substância, uma atividade ou um relacionamento de caráter "mágico", para preencher as lacunas e levar à plenitude – qualquer coisa que amorteça temporariamente a dolorosa sensação de separação. É a busca inútil pela "fórmula" da felicidade.

Quando você tem fome de algo que o faça "sentir-se melhor", isso é um sinal inequívoco de que você está no caminho do medo. Na verdadeira fome física ou emocional que deriva das necessidades humanas normais, há um processo divino que cria e atrai a satisfação sem percalços. Isso é claramente diferente da atitude genérica de "atirar para todo lado" a fim de encontrar qualquer coisa que proporcione satisfação momentânea.

Nos relacionamentos, esse processo se manifesta como uma união para a busca conjunta dessa fórmula. O acordo inconsciente é que cada pessoa entretenha a outra de modo a aliviar o tédio. No entanto, como isso é possível se nenhuma das pessoas sente falta de significado nem de entusiasmo na verdade espiritual?

Por favor, contemple esta verdade: você e todas as pessoas que você já conheceu e virá a conhecer são a mesma manifestação do puro e pleno amor de Deus. Toda necessidade física, emocional e mental é satisfeita de pronto. Assim, na verdade espiritual, tédio e inquietação são impossíveis.

A busca pela próxima coisa ou pessoa mais importante é o mesmo ímpeto que invoca o sonho do medo e o ego em primeiro lugar, como um filme com o mesmo enredo, repetindo-se perpetuamente. O senso de realidade do ego baseia-se em um desejo insaciável por sua própria definição de perfeição. O ego rejeita os dons de perfeição divina concedidos por Deus em favor de uma ideia de perfeição como algo laborioso, do tipo "faça você mesmo".

Os relacionamentos costumam ser a maneira como o ego alivia o tédio, procurando uma aventura que preencha suas intermináveis necessidades de confirmação e gratificação. Esses caminhos temerosos de união íntima são o que vocês chamariam de relacionamentos "tóxicos" ou "desequilibrados". Eles começam com uma busca por algo que não pode ser concretizado (encontrar o Céu fora de si mesmo) e terminam com um crescendo frustrante de drama, sofrimento e tristeza.

Quando um relacionamento começa com a premissa vazia de "Por favor, salve-me dessa condição de separação que traz solidão, tédio, perigo, ou outra forma de carência", ele se forma no caminho do medo, que é acidentado e cheio de pedras.

Contudo, por favor, não compreenda mal a perspectiva que temos dos relacionamentos, pois parcerias verdadeiras podem ser uma via pela qual se redescobre Deus e o Céu dentro de si mesmo.

A busca por confirmação

Se tudo o que você "conhece" em sua vida física for culpa e sentimentos de inadequação, então você nasceu e cresceu no caminho do medo. Você literalmente tem uma amnésia com relação à sua origem divina e vive na "realidade" apavorante de competir para satisfazer suas necessidades.

Apesar disso, em cada pessoa que trilha o caminho do medo existe uma melodia convidativa no recôndito de sua alma, chamando-a de volta ao seu lar celestial. Alguns confundem isso com um desejo de morte, na crença de que a paz só é possível quando o corpo físico deixar de funcionar. No entanto, para uma pessoa que tem a consciência focada no medo, nem mesmo a morte física traz alívio.

A necessidade de "confirmação" é o desejo inconsciente de recordar quem você realmente é. Ela se expressa no mundo físico por anseios de aprovação, recompensas, promoções, elogios e outros sinais característicos que lhe dão a sensação de ser melhor que – ou ao menos tão bom quanto – as outras pessoas.

Nos relacionamentos, a necessidade de confirmação se manifesta pela troca de elogios entre as pessoas envolvidas. A "recompensa" máxima em um relacionamento é a expressão verbal e física do amor mútuo, geralmente acompanhada de uma cerimônia que celebre esse amor de forma pública.

Não obstante, se duas pessoas conseguem espelhar amor *verdadeiro* uma para a outra, elas despertam juntas para sua realidade divina de estarem unidas no amor de Deus. Elas se lembram de que estão realmente de volta ao lar, no Céu, juntas, no abraço de Deus. Essa é a recompensa genuína e duradoura, e o verdadeiro propósito dos relacionamentos.

Aqueles que agem para recordar o amor de Deus estão mais predispostos a despertar para sua verdadeira realidade e para o amor verdadeiro. Quando duas ou mais pessoas concentram-se juntas em recordar sua verdadeira identidade espiritual, elas podem ajudar umas às outras a despertar para a realidade do amor verdadeiro.

Muitos relacionamentos oscilam entre vislumbres do amor verdadeiro e do "amor" abraçado pelo caminho do medo. Como uma máquina caça-níqueis que às vezes paga um grande montante, o relacionamento guarda a promessa de uma retribuição por aquele amor puro, o que se tenta obter por diversos meios – alguns baseados no medo, outros baseados no amor.

Se alguém o critica, por exemplo, trata-se do ego fazendo um julgamento, porque apenas o ego julga. Isso significa que a outra pessoa não está feliz. Ninguém que esteja focado nas percepções do ego é feliz. Tenha compaixão dessa pessoa e não a julgue por ser crítica, ou você também se sentirá infeliz.

Os relacionamentos lhe dão a oportunidade de encontrar Deus ou vivenciar o polo oposto da fria e solitária separação. Entregamos-lhe, agora, um par de óculos restauradores, para que você possa ver a luminosidade deslumbrante da Divindade no íntimo de todas as pessoas que você encontrar em seu caminho, inclusive dentro de si. Essa luz é tão resplandecente que faz desaparecer qualquer percepção de corpos humanos separados. Em vez de ver silhuetas físicas, você vê o esplendor magnífico da força vital de Deus brilhando de volta para você. Essa é a forma de espelhar que promove um senso de aprovação para seu verdadeiro eu, bem como a experiência de satisfação duradoura.

Um relacionamento traz máxima felicidade quando é altruísta, e o parceiro não é visto como o veículo pelo qual o outro alcança satisfação. Em um relacionamento altruísta, o foco é que cada pessoa esteja totalmente consciente da plenitude do amor de Deus e, então, que ambas trilhem, lado a lado, esse caminho de amor. Talvez os parceiros também venham a formar voluntariamente uma equipe para ajudar outras pessoas a despertar para sua própria divindade.

Uma "equipe de Deus", formada por pessoas que despertaram para sua verdadeira identidade, é literalmente composta por anjos no mundo físico. Imagine um quarto cheio de crianças dormindo em suas camas, cada qual tremendo por causa dos pesadelos que estão tendo. Agora, imagine algumas das crianças acordando e percebendo que os pesadelos não eram reais, e então começando a despertar, com delicadeza, as demais crianças. Esse é seu papel e seu propósito em relacionamentos baseados no amor.

Como despertar outras pessoas é o próximo tema a ser tratado.

Aperfeiçoamento Espiritual

Uma Mensagem sobre Perdão

O julgamento é um hábito mental criado para afastar sentimentos desconfortáveis. É mais fácil rotular alguém de "bom" ou "mau" do que processar a variedade das emoções desencadeadas por seu comportamento. O emaranhado novelo de emoções misturadas por trás de um julgamento pode incluir modalidades de medo, tais como choque, pesar, culpa, traição, decepção e insegurança.

O comportamento egoico de alguém também pode trazer à tona lembranças de experiências passadas sobre as quais você ainda nutre um sofrimento emocional. Nesse caso, o julgamento seria um muro que você ergue para evitar ainda mais dor.

A verdade física é que o ego humano está fundamentado na ideologia do medo e, portanto, para o ego, toda decisão e atitude merecem ser julgadas. Um comportamento medroso deriva de crenças de medo.

O ego se orgulha de estar separado dos outros de uma maneira singularmente especial e melhor. Para manter essa ilusão, é necessário que ele ataque o ego de outras pessoas.

Identificar semelhanças ou ter compaixão é algo ameaçador à missão de fortalecimento do ego. Este construiu fortes muralhas de julgamento para proteger-se da percepção de que o ego das outras pessoas é idêntico a ele mesmo.

Os estudiosos da espiritualidade compreendem o alto preço que pagam por julgar. Em sua maioria, tais pessoas escolhem a compaixão em vez do julgamento. Por essa escolha, elas são recompensadas com mais paz interior.

Ainda assim, mesmo os mais devotos estudiosos da espiritualidade parecem ter seus limites com relação a quem conseguem perdoar com compaixão. Os critérios são diferentes para cada um.

No entanto, a maior parte dos seres humanos diria que uma pessoa que inflige um grave sofrimento não é digna de ser "recompensada" com o perdão. Para eles, "olho por olho" significa retaliação, que aquela pessoa deve sofrer em compensação pelo sofrimento que causou aos outros.

Nessa filosofia, perdoar é semelhante a dizer: "O que você fez foi aceitável". Na realidade, perdão não é o mesmo que passividade ou desculpa.

Porém, como continuaremos a conversar com você, existem quatro níveis de perdão:

- O *falso perdão*, quando você diz que perdoa alguém, mas sem realmente fazê-lo.

- O *perdão proveniente do julgamento*, quando você perdoa alguém para poder ser a "pessoa melhor", mas, no fundo, você ainda guarda ressentimento.

- O *perdão proveniente do coração*, quando você sente compaixão pela pessoa, pois sabe que ela cometeu um erro.

- O *perdão proveniente da verdade espiritual*, que diz que erros são ilusões e, na realidade, não ocorreram. Portanto, nenhum julgamento é possível, e o perdão não faz sentido algum porque não há nada que perdoar.

Julgar parece ser uma recompensa por si só, pois ajuda você a se distanciar daqueles cujos atos lhe são desagradáveis. Se você foi magoado por outra pessoa, quer evitar ser magoado novamente.

No mundo físico, como já discutimos, as pessoas podem caminhar pelo caminho do amor ou pelo caminho do medo. Não é possível trilhar os dois caminhos ao mesmo tempo.

Aqueles que você consideraria "confiáveis" ou "boas" pessoas passam a maior parte de seu tempo no caminho do amor. Então, acontece algo que desencadeia seus medos egoicos, e eles saltam para o caminho do medo.

As ações sempre seguem o caminho em que a pessoa está, logo:

- Se você estiver no caminho do amor, seus atos serão altruístas e redundarão em consideração pelos outros, compaixão, gentileza, e outros aspectos do amor.

- Se você estiver no caminho do medo, seus atos serão egoístas e revelarão falta de consideração pelos outros, competitividade, aspereza, e outros aspectos do medo.

Oscilar entre os caminhos do amor e do medo gera confusão nos relacionamentos. Você pensava conhecer essa pessoa que estava quase sempre no caminho do amor e, de repente, ela muda. O que aconteceu? O ego argumenta que você nunca conheceu aquela pessoa de fato – que ela era falsa e desonesta, e que você não pode confiar nela.

Não obstante, todo ser humano tem um gatilho emocional que o leva a pensamentos e atos baseados no medo. Se você julgar todas as pessoas por agirem movidas pelo medo, ficará sozinho. Você também julgará a si mesmo com demasiado rigor por agir de acordo com o medo. Não existe nenhuma pessoa 100% o amorosa no planeta, e nem você é assim.

O julgamento cria solidão, pois você descarta aqueles que possam desencadear sofrimento. Você se esforça para permanecer seguro, mesmo à custa de ficar sozinho. Você se encolhe no interior de sua fortaleza de julgamento, onde dragões e fossos mantêm todo mundo afastado. Por sua vez, as outras pessoas passam a julgá-lo ser uma pessoa fria, distante, arredia, e assim por diante.

O alto preço do julgamento também engloba um isolamento de si mesmo. Você não se reconhece uma pessoa crítica *porque esse não é seu verdadeiro eu*! Seu verdadeiro eu é absolutamente amoroso, e você consegue sentir essa ressonância positiva em seu íntimo sempre que escolhe um pensamento ou ato amoroso. Se você escolhe atitudes e atos baseados no medo, logo sente um desconforto fisicamente palpável.

O adágio "não julgue para não ser julgado" se aplica aqui, porque não há uma verdadeira separação entre você e os outros.

Isso pode ajudá-lo a compreender plenamente esta mensagem importante: Pense na figura do número 8, com sua volta contínua. Uma volta do 8 é você, e a outra volta é outra pessoa. Perceba como as duas voltas estão conectadas de forma permanente, e como refletem uma à outra com perfeição.

O que você pensa da outra pessoa é lançado adiante, para a volta adjacente, como uma energia que circula pela figura do 8, afetando você e a outra pessoa. A energia do medo egoico é cortante, fria e solitária, e os dois lados do 8 são atirados em uma escuridão limitante.

Compare isso com o envio de energia amorosa para a outra volta do 8 e *essa* energia circulando de volta para você. A sensação é parecida com a de um abraço carinhoso e gentil que envolve e ampara tanto você como a outra pessoa. Essa é uma energia expansiva que brilha intensamente, como o amor de Deus, ou os raios do Sol físico.

Suas opiniões sobre os outros sempre retornam para você. Por exemplo, se alguém o julga, tome cuidado com a reação mental de julgar de imediato essa pessoa, tachando-a de "crítica". Julgar alguém por agir de acordo com o ego o levará a agir também conforme o ego.

Um ciclo semelhante acontece quando você se "pega" sendo crítico e, então, julga-se com muito rigor por estar trilhando o caminho do medo. O ego insiste no perfeccionismo humano como uma maneira de sentir-se melhor que os outros.

Qualquer forma de julgamento é uma afirmação que você é um ser apartado das outras pessoas, o que nega a verdade espiritual do ciclo em 8 que o conecta e afeta.

Visto que a separação é a mais terrível das ilusões, o julgamento vem com o alto preço de provocar profundas dores emocionais oriundas dos sentimentos de solidão, abandono, isolamento e incompreensão. O ego argumenta que o julgamento se justifica porque os atos da outra pessoa foram imperdoáveis.

Discernimento em vez de julgamento

Quando se pensa em todas as pessoas do planeta, existe outra analogia que ilustra sua conexão divina.

Pense em uma grande árvore saudável, com bilhões de folhas. Cada uma representa uma pessoa. Embora as folhas pareçam estar separadas, elas, na realidade, estão todas unidas à mesma árvore, que representa Deus.

Pode parecer que cada folha está vivenciando sua própria experiência. Talvez o vento ou a chuva atinja mais algumas folhas do que outras, ou pode ser que algumas recebam mais luz do sol do que outras. Apesar disso, cada folha é parte de um todo maior que é a árvore. O mesmo se dá com você e todas as pessoas do planeta. O que você faz afeta os outros e vice-versa. Você tem um verdadeiro parentesco com todas as pessoas.

Lembre-se de que estamos falando de verdades espirituais e da não dualidade, que vê e reconhece tão somente o amor. Isso envolve ver os outros como Deus vê a todos: como filhos amados que foram intencionalmente criados com amor.

Tal como certas crianças, alguns adultos podem ter atitudes que parecem imprudentes e cruéis. Determinados comportamentos parecem calculados, sem nenhuma consideração pelos sentimentos ou pela segurança dos outros. Em outras palavras, algumas pessoas passam a maior parte da vida – ou a vida inteira – trilhando o caminho do medo.

Essa é a definição do comportamento egoísta, porque o ego vê a si mesmo como seu próprio universo. Lembre-se de que o ego está sempre manipulando as coisas para sentir-se acima dos outros ou melhor que eles e, para isso, julga e compara. Para o ego, as outras pessoas são objetos a serem usados a fim de satisfazer suas próprias necessidades, ou concorrentes na obtenção de um objetivo desejado por todos. O ego também vê o amor como fraqueza e a raiva como força.

O ego é triste e solitário, e está sempre procurando por algo externo que acabe com sua tristeza.

Pense no controle remoto de uma televisão, por favor. No mundo físico da dualidade, existem dois canais nesse controle remoto: *amor* e *medo*. Você pode pensar e agir por amor ou por medo. Não existe nenhum canal intermediário. Trata-se realmente de uma escolha entre felicidade e tristeza.

Quando julga a si mesmo ou a alguém, você é automaticamente lançado no caminho do medo e da tristeza – ainda que o julgamento pareça justificado. É aí que entra o discernimento para salvar o dia.

Considere essas diferenças fundamentais entre julgamento e discernimento:

Julgamento	Discernimento
Rotula algo (ou alguém) como "bom" ou "ruim"	Diz: "Sinto-me atraído por isto (ou ele/ela)" ou "Não me sinto atraído por isto (ou ele/ela)"
Nega sentimentos e não tem compaixão	Reconhece sentimentos, inclusive se você está ou não atraído pelo objeto (ou pessoa)
É unidimensional e vê apenas defeitos	Vê os diversos níveis envolvidos

Digamos, por exemplo, que você não goste do cheiro de fumaça de cigarro. Se alguém fuma um cigarro perto de você, você pode reagir com julgamento (a partir do medo) ou discernimento (a partir do amor):

- O julgamento, o medo e o ego rotulariam o cigarro e o fumante de "ruins" ou usariam até mesmo palavras mais duras.

- O discernimento, o amor e o eu verdadeiro diriam: "Não me sinto atraído pelo cheiro nem pela energia da fumaça do cigarro, nem por aqueles que cheiram a cigarro. Ficarei afastado".

No discernimento, não se rotula o outro. Há um reconhecimento honesto de seus sentimentos.

O discernimento é a manifestação de estar no caminho do amor. Se você estiver no caminho do amor, será atraído para a energia do amor. Não será atraído pela energia do medo. Aqueles que vivem principalmente no caminho do amor talvez nem sequer vivenciem ou notem a energia do medo. Lembre-se de que os caminhos do amor e do medo não têm intersecções nem áreas em comum, mas você pode passar alternadamente de um caminho ao outro.

Ter pensamentos amorosos o leva de fato a ser compassivo, de modo geral, consigo mesmo e com todos. Isso o abrandará muito.

Contudo, ser amoroso não significa que você precise passar tempo com aqueles que trilham o caminho do medo. Mas você pode *inspirá-los*, por meio de seu exemplo vivo de paz e alegria, a trilhar o caminho do amor.

Você também pode inspirar mudanças sociais e globais com sua disposição de ser um exemplo positivo. O amor é honesto e isso abrange *falar com* o coração sobre questões que *falam ao* seu coração.

No tocante àquelas pessoas com quem você se importa profundamente, ou com quem você talvez esteja preocupado, nós ouvimos suas súplicas para aliviarmos o sofrimento delas. Nós interferimos na medida em que cada pessoa escolhe permitir nosso auxílio.

Aqueles que trilham o caminho do medo consideram-se "durões" e "fortes", e seus egos se sentem ameaçados por qualquer coisa suave, como emoções de felicidade e até mesmo pela saúde. Assim, eles afastam esses dons.

A compaixão revela que as pessoas que têm medo vivenciaram experiências de vida que as ensinaram a seguir por esse caminho. Muitas não conhecem nada além do medo de um mundo que é perigoso e competitivo. É isso o que elas vivenciam, como resultado dessa crença... que, muitas vezes, é transmitida pelos mais velhos de sua convivência.

Uma pessoa que não conhece outro caminho além do medo ignora outras alternativas. Para ela, a vida é uma sequência de grandes decepções entremeada com breves momentos de alegria. Essas pessoas rogam por ajuda, mas se recusam a ouvir a orientação que lhes oferecemos como um bote salva-vidas.

O duplo erro da culpa

Assim como o julgamento, a culpa é a atenção, motivada pelo medo, que se dá aos erros e enganos. Nós assistimos aos seres humanos alimentando culpa por aquilo que fizeram ou não fizeram. Nesse sentido, a culpa é um *julgamento* de si mesmo.

A culpa é um erro duplo porque surge a partir da premissa falaciosa de que você fez algo que poderia desfazer a obra de perfeição espiritual divina criada por Deus. Qualquer sofrimento que você cause aos outros faz parte do mundo ilusório do medo. Isso não desculpa nem justifica atos motivados pelo medo e que sejam considerados cruéis ou irrefletidos. Simplesmente significa que toda a dor, a carência e o sofrimento estão imersos na ilusão do pesadelo, não em uma realidade duradoura.

De onde estamos, vemos como a culpa oprime o coração humano, impondo-lhe um fardo tão pesado que o amor passa a parecer uma fantasia distante. A culpa leva a sentimentos de indignidade, incluindo o sentimento de ser indigno de aceitar o amor incondicional de Deus, ajuda e orientação Divina.

Aqueles que se sentem culpados também têm medo de uma punição. Na realidade, existe uma crença inconsciente de que, se você é punido, então o "crime" cometido será perdoado. Para se punir por aquilo que você considera que sejam seus crimes, você pode negar felicidade a si mesmo e colocar-se diretamente em uma situação que resultará em dor, considerada como "punição" ou "carma".

Esse erro duplo de acreditar que você tem culpa e, então, julgar-se por isso é uma distração de seu chamado celestial – o que você chama de "objetivo de vida".

Suas orações por nossa intervenção são eficazes, é claro, para aliviá-lo do fardo da culpa. E ainda mais eficaz é o poder curativo do amor incondicional.

Deus conhece, vê e sente apenas amor. Deus reconhece seu verdadeiro eu, tal como foi criado: puro, inocente e amoroso. Isso é amor incondicional, ao qual você pode ter acesso diretamente dizendo o nome de Deus repetidas vezes. O nome de Deus sintoniza você com a lembrança de sua morada atual, no seio do amor incondicional divino.

Ao recordar essa verdade espiritual básica, você sente o coração aquecido e aberto ao amor. Seu coração é um portal que o amor de Deus atravessa para ir até aqueles que necessitam.

Quando um número suficiente de pessoas trilha o caminho do amor, a energia coletiva edificante passa a atrair aqueles que estão no caminho do medo. Como um ímã puxando-os para o alto, eles sentem algo familiar, uma lembrança vaga da sensação que tinham em sua vida Celestial. A sensação de ser amado incondicionalmente é a memória e o impulso mais básicos de todo ser senciente – humano, animal, ave ou peixe.

Todos se recordam do amor puro porque todos ainda vivem mergulhados naquele amor puro de Deus. Alguns se esforçam em vão para encontrar essa sensação nas coisas externas. Isso nunca funciona.

Quem *de fato* encontra o Céu durante sua vida terrena são aqueles que emanam amor incondicional. Em vez de esperar que os outros os amem incondicionalmente, eles transmitem o amor incondicional de sua mente e seu coração... inclusive para si mesmos.

O amor incondicional proporciona alegria e isola você das energias e atitudes egoicas dos outros. A luz divina de Deus cintila em você, irradia de você e à sua volta. Você ama a si mesmo com a mesma intensidade com que ama todas as outras pessoas, porque você ama a criação de Deus.

Não existe aquela noção de que você é pior ou melhor do que qualquer outra pessoa, porque essa seria uma crença na separação, que é a base do caminho do medo. Você respeita a si mesmo e aos outros. Você naturalmente atrai e encontra outras pessoas que também emanam o amor incondicional, de modo a desfrutar de relacionamentos saudáveis.

Às vezes, a espiritualidade é mal compreendida, vista como um chamado para a santidade ou a perfeição. Repetimos: apenas o ego se preocupa com aparências exteriores de perfeição. O ego julga e, por isso, naturalmente teme ser julgado.

O caminho do amor reconhece que as pessoas não são humanamente perfeitas, mas são espiritualmente perfeitas. Você é um exemplo de perfeição espiritual divina quando decide concentrar-se no amor incondicional em vez de manter o foco sobre o medo e o julgamento.

Seus Quatro Corpos

Uma Mensagem sobre Cura

Quando você desperta totalmente para a compreensão de sua divindade, de sua verdadeira identidade e de seu verdadeiro lar, já não há busca nem competição, não há nada que forçar, tampouco o que controlar para satisfazer suas necessidades humanas. Tudo de que você precisa é satisfeito pelo fluxo e pela atração, tal como em um sonho.

Todos os corpos físicos, sejam humanos, animais, de peixes, pássaros ou plantas, precisam de nutrição física e abrigo adequado. O corpo é uma consequência do desejo do ego de ter uma experiência separada de Deus e funciona como uma morada que aparentemente contém e carrega a alma. O corpo pode ser colocado a serviço do amor ou do medo enquanto está no sonho.

Nós gostaríamos de explicar com mais detalhes a origem e a função de seu corpo para que você consiga sustentá-lo e utilizá-lo em níveis ideais de vibrações elevadas.

A origem do ego

Como já dissemos, a energia amorosa de Deus é infinita e está em toda parte, e o mesmo se dá com a substância do universo infinito. Neste exato instante, você está aninhado e seguro no abraço cálido do amor eterno de Deus. Como um recém-nascido nos braços da mãe ou do pai, você se sente plenamente amado, valorizado, necessário e respeitado. Você não tem necessidades nem medos, não tem preocupações nem ansiedades. Sente-se completo e pleno.

Portanto, seu eu real e verdadeiro não possui um corpo físico. Você é uma alma de luz brilhante, uma centelha de divindade unida a todos aqueles que estão no mesmo comprimento de onda que você. Tudo e todos são suas almas gêmeas.

Em algum momento, como um curto em um circuito elétrico, você e suas almas gêmeas tiveram um pesadelo compartilhado no qual estavam em uma terra distante, apartados uns dos outros. Esse pesadelo é apavorante. Como uma criança em busca da mãe ou do pai, todos os que partilham desse pesadelo coletivo ficam igualmente perturbados, inseguros e assustados.

Neste sonho físico de separação, você tem quatro corpos dispostos sobrepostos:

- *O corpo físico:* Envoltório externo denso, morada para sua experiência como ente separado, este corpo funciona como um contorno que distingue onde você termina e a outra pessoa começa. O corpo físico também pode ser usado dentro do pesadelo como uma forma de despertar outras pessoas que estejam adormecidas para a unidade.

- *O corpo emocional:* Às vezes chamado de "criança interior", seu corpo emocional é composto de pura sensibilidade e sentimentos. Seu instinto primordial é reconectar-se com aquela sensação celestial de ser plenamente amado, aceito, e estar seguro. O corpo emocional anseia por unir-se a outra pessoa, tal como se recorda de estar unido a todas as demais e a Deus.

- *O corpo intelectual:* Este é o criador em você, que será regido pelo egoísmo (ego) ou pelo altruísmo (eu verdadeiro). Você foi dotado, por Deus, de todos os dons espirituais, inclusive da habilidade de dar forma a criações mentais. Quando você cria a partir do medo, os resultados são frustrantes e de curta duração. Quando você cria a partir do amor altruísta, os resultados refletem Deus e, portanto, são gratificantes e eternos.

- *O corpo energético ou corpo de luz:* Às vezes chamado de "aura", este corpo indica seus níveis de energia (por exemplo, *animado*, *cansado*, *descansado* ou *tranquilo*). Seu corpo de luz também irradia os efeitos da energia amorosa para os corpos físico, emocional e intelectual. Ele é o motor do sistema autônomo dos quatro corpos, com uma capacidade de autocorreção que mantém todos eles saudáveis e equilibrados. Além disso, o corpo energético é o centro intermediário de suas criações. Uma vez que você tenha decidido algo ou se concentre em alguma coisa, o pensamento torna-se uma semente que, então, cresce dentro do jardim de seu corpo energético. Pessoas capazes de perceber energia conseguem, conectando-se ao seu corpo energético, sentir ou ver o que você pensa. Ao germinarem, cada um de seus pensamentos desenvolvem, em seguida, seu próprio corpo físico.

Densidade energética

Como você já viu e sentiu, as ondas de energia vibram em diferentes frequências. Nós usamos a analogia do arco-íris para explicar que o caminho do medo é semelhante à faixa vermelha do arco-íris, com suas vibrações lentas. E o caminho do amor é análogo à faixa violeta, com as vibrações mais elevadas do espectro. Embora essas duas faixas de cor estejam no mesmo espectro, elas nunca se conectam nem se cruzam. Mas elas se misturam por intermédio das vibrações de cores intervalares como laranja, amarela, verde e azul.

A cor vermelha representa a energia física mais densa e o ego. É por isso que o vermelho simboliza o Diabo, o inferno, "pare", e o desejo físico. Essas vibrações mais lentas também emitem um som baixo e desarmônico que todos os seres podem ouvir em um nível subconsciente e visceral.

A cor violeta simboliza a espiritualidade, a realeza, a abundância e o destemor de expressar o eu autêntico. Constituindo-se das vibrações mais elevadas do plano físico, o violeta emite sinfonias harmoniosas de música celestial. Assim, você pode pensar no caminho amoroso como uma trilha imersa nessa vibração mais elevada.

Cura e harmonização do corpo

Corpos físicos e outros objetos são compostos de energia que vibra com lentidão suficiente para adquirir densidade. Você pode harmonizar seu corpo físico retornando a uma consciência de unidade com seus demais corpos. Isso requer a união de suas emoções, intelecto e energia com seu corpo físico.

As doenças e os acidentes são as consequências da rejeição ou do julgamento de um ou mais de seus quatro corpos. Você deve lembrar que, de acordo com nossa discussão anterior, o julgamento está sempre no caminho do medo, ao passo que o discernimento está no caminho do amor. No julgamento, há um rótulo de "bom" ou "ruim", enquanto no discernimento existem reações honestas de atração ou repulsão.

Se você se sente solitário, por exemplo, como toda pessoa se sente enquanto acredita na ilusão da separação, você pode *amar* esse sentimento ou julgá-lo como constrangedor e inaceitável.

"Amar a solidão" não significa que você está dando as boas-vindas a essa emoção para que ela fixe residência permanente em sua vida. Amar uma emoção significa que você a reconhece e cuida dela como uma mãe ou pai cheio de afeto embala seu bebê que está chorando. A mãe ou o pai, querendo que o bebê pare de chorar, confortará a criança até que ela se acalme.

Quando você reconforta suas emoções, está aceitando a si mesmo como Deus o aceita: incondicionalmente. Seu corpo emocional é a criança dentro de você, uma criança natural, sincera e expressiva. Sua criança emocional quer ser ouvida.

Se você rejeita seus sentimentos considerando-os inaceitáveis, está rejeitando sua criança interior. Isso resulta em emoções mais intensas de tristeza, raiva e ansiedade.

Seus sentimentos são um sistema de resposta que o ajuda a monitorar que caminho (do amor ou do medo) você está trilhando. Se você sente emoções "negativas", sabe que está no caminho do medo. Julgar emoções negativas apenas fará com que elas se intensifiquem e aumentem.

Envergonhar-se de seus sentimentos é o mesmo que ter vergonha de quem você é. Isso cria uma noção ainda maior de separação no sonho da separação. Você se distancia de *si mesmo*, como alguém se distanciaria de uma pessoa com quem tem vergonha de ser visto.

Da mesma forma, rejeitar seus pensamentos, julgando-os inaceitáveis, provoca um efeito dissociativo no qual você sente como se estivesse flutuando acima do próprio corpo, em um filme onírico surreal. Nós já testemunhamos seres humanos tentando se forçar a manter pensamentos positivos e, com isso, sufocando os pensamentos "negativos" que clamavam por atenção.

Essa ruptura também ocorre se você considera que seus níveis de energia são inaceitavelmente altos ou baixos. O ego é um juiz severo que se recusa a ouvir os motivos dos corpos físico, emocional, intelectual e energético – ainda que tais corpos tenham mensagens importantes a transmitir.

O segredo da saúde é aceitar, amar e se solidarizar com todos os seus quatro corpos terrenos. Ninguém gosta de ser julgado ou rejeitado, e isso inclui *você*. Você pode literalmente amar-se a si mesmo ao ponto de alcançar saúde plena se mantiver um relacionamento maternal/paternal compassivo consigo mesmo. Isso significa que você se importa muito consigo mesmo, orienta e administra sua própria existência.

Por exemplo, ainda na situação da solidão, pode ser que, de início, você não saiba dizer que sentimento é esse ou de onde ele veio. Nesse caso, você começa com os sentimentos que consegue identificar, tais como pontadas de vazio, indignidade, receio de que os outros não gostem de sua companhia, e assim por diante.

Sem dúvida, esses não são sentimentos agradáveis de ter. Pode parecer mais fácil rejeitá-los ou deixá-los adormecidos. Existe essa impressão de que você se sentirá pior consigo mesmo caso admita ter sentimentos "menos que perfeitos".

Em seguida, esse processo perigoso afeta os corpos intelectual, energético e físico. Uma pessoa que rejeita os sintomas emocionais da solidão pode passar a pensar que não tem valor, o que, por sua vez, faz baixar seus níveis energéticos, provocando um impacto em sua saúde física.

Esse é o efeito dominó de julgar a si mesmo. Rejeitar qualquer aspecto de seu eu físico, emocional, intelectual ou energético sempre tem por consequência o oposto do Céu. Em vez de aninhar-se profundamente nos lençóis do amor de Deus, você se retira para os cantos da escuridão fria, o que intensifica a sensação de separação, de solidão, e o sentimento de não ser amado.

O caminho da cura é igual ao caminho do amor: compaixão e aceitação incondicionais daquilo que parece inaceitável ao ego perfeccionista e crítico.

A razão da eficácia da Medicina e de outros tratamentos na cura é que o paciente confia no terapeuta. O paciente relaxa como um bebê nos braços afetuosos da mãe ou do pai, vendo o terapeuta como a Fonte. O medo e o julgamento cessam, e o paciente é curado.

O amor de Deus está em todos os lugares, até mesmo no pesadelo da separação e no interior de cada célula de seu corpo físico. Suas decisões no sonho determinam o que acontece, em seguida, a você e seu corpo.

Como seus corpos afetam os relacionamentos

Seus quatro corpos são os companheiros que cooperam com você durante o sonho da separação. Eles são mensageiros que lhe dão uma resposta sobre a sua experiência. Rejeitar essas mensagens porque você não gosta de nada "negativo" é agir como um comandante militar que não dá ouvidos aos soldados que o informam de uma invasão iminente.

Nós, anjos, lhe emprestaremos nossa força para escutar as notícias não tão agradáveis que seus corpos têm a transmitir. Na maioria das vezes, eles reclamam de situações inaceitáveis, prejudiciais a seu equilíbrio e saúde, *as quais precisam de atenção e solução.*

Por exemplo, seu corpo emocional tem necessidades que envolvem uma união com outras pessoas para que ele se recarregue com o puro amor que se recorda ter experimentado no Céu. O corpo emocional procura alguém que esteja sincronizado com sua própria vibração como forma de espelhar ou confirmar seu próprio valor. É desse processo que nasce o adágio "semelhante atrai semelhante".

Ao conhecer uma pessoa que tenha essa vibração correspondente, o corpo emocional sente algo semelhante à totalidade da unidade no Céu. Ele se sente aceito ao encontrar sua alma gêmea, e aliviam-se a solidão e os sentimentos de separação.

Se as duas pessoas estiverem no caminho do amor, essa parceria será feliz e harmoniosa. No entanto, esse desejo geralmente não é realista por causa da tendência de um parceiro passar ao caminho do medo.

Quando você e seu parceiro estão em caminhos diferentes, você se sente solitário e abandonado. O *corpo físico* da outra pessoa está ali com você, mas o *corpo emocional* dela está em outro lugar. Vocês estão literalmente em duas frequências vibracionais diferentes.

Por isso, seu corpo emocional dirá que está sofrendo e não se sente amado, e pedirá que você, como mãe ou pai de sua criança interior, por favor faça algo para aliviar aqueles sentimentos dolorosos.

É nesse momento que seu *corpo intelectual* tem o livre-arbítrio para escolher o que fazer a seguir, como, por exemplo:

- Ignorar os sentimentos;

- Culpar o parceiro ou a si mesmo;

- Amortecer os sentimentos com um comportamento compulsivo ou substância entorpecente.

Esses são exemplos de reconectar-se com seu parceiro pela diminuição de suas próprias vibrações a fim de encontrar-se com ele no caminho do medo. Nós, anjos, fazemos isso o tempo todo pelos seres humanos que protegemos, sem sermos prejudicados. No entanto, os seres humanos tendem a se esquecer do amor incondicional, de modo que acabam presos na ilusão do medo.

O corpo intelectual que estivesse no caminho do amor faria as seguintes escolhas:

- Sentir compaixão (não pena) do parceiro;

- Perdoar o parceiro e a si mesmo;

- Ter uma discussão franca e comungar amorosamente com o parceiro;

- Amar o parceiro e a si mesmo;

- Reconhecer sua singularidade sem culpa ou condenação.

Saúde e estilo de vida

O principal motivo de você perceber que nós, anjos, orientamos suas escolhas de vida associadas com alimentação, bebida, exercícios e sono é que estamos ajudando a regular cada um de seus quatro corpos para que atinjam seus níveis ideais. É verdade que você não precisa de nada para seu verdadeiro eu, já que todas as suas necessidades são atendidas por igual e continuamente. Contudo, no sonho da separação, seus corpos exigem atenção.

Assim como seus relacionamentos com outras pessoas são determinados pela escolha do caminho do medo ou do amor, isso ocorre no seu relacionamento com seus corpos físico, emocional, intelectual e energético. Cada um de seus quatro corpos é de igual importância para que funcionem como um todo. Cada um deles tem sua própria energia vital, inteligência e ego.

No mundo físico, *todo ser,* inclusive os corpos físico, emocional, intelectual e energético, *está buscando a sensação celestial de pertencimento, de amor e união.* Quando você compreender esse princípio básico e importante, saberá como alimentar e equilibrar seus corpos para seu máximo funcionamento.

Você está em busca da sensação de pertencimento, amor e união que lembra haver sentido no Céu. No sonho físico, cada um de seus quatro corpos também anseia por essa sensação de pertencimento, amor e união.

Sua consciência é o "eu" que administra o corpo. A consciência do seu verdadeiro eu já se sente amada, de modo que seu verdadeiro eu não está em busca de amor, nem anseia por isso. Todavia, na consciência separada do ego, existe uma carência de amor. Assim, o ego busca continuamente fora de si a sensação de pertencimento, amor e união.

O que isso significa em termos práticos é que seu "eu" (sua consciência) pode curá-lo e equilibrá-lo dentro do sonho físico ao ajudar seus quatro corpos físicos a sentir que pertencem, são amados e estão unidos uns aos outros.

Em vez de rejeitar ou julgar qualquer aspecto de si mesmo, tenha compaixão, como um consultor trabalhando com um cliente. Isso não é o mesmo que aceitar passivamente hábitos destrutivos. Na realidade, tais hábitos se desenvolvem como uma tentativa equivocada de sentir amor a partir de fontes externas. Seja um orientador incondicionalmente amoroso de si mesmo e você se sentirá amado e aceito... e não precisará procurar por essas condições externamente.

– Seu corpo físico anseia por toques carinhosos. Nutra-se com abraços amorosos de si mesmo, de alguém que esteja no caminho do amor, com o toque de um fisioterapeuta ou massagista cuidadoso, ou aconchegando-se com um animalzinho de estimação. *Proporcione carinho físico a si mesmo.*

– Seu corpo emocional precisa sentir-se seguro, amado e ouvido. Você pode alimentar seu corpo emocional dando ouvidos aos seus sentimentos, em especial às emoções incômodas. Seus quatro corpos sempre comunicam suas respectivas realidades, e sua consciência talvez se sinta intimidada quando as emoções pedem que você faça mudanças. Por exemplo, se seu corpo emocional está infeliz em uma carreira ou relacionamento, você receberá uma mensagem para consertar ou abandonar a situação infeliz. Você não precisa deixar que as emoções governem sua vida, nem tomar uma atitude com relação a cada sentimento que você tem – mas precisa escutá-los. *Tenha compreensão emocional consigo mesmo.*

– **Seu corpo intelectual exige silêncio para poder processar e compreender as mensagens divinas.** Um dos motivos pelos quais você talvez se sinta desconectado de Deus é ter barulho demais na mente ou em seu ambiente para ouvir as constantes mensagens sutis. *Permita-se um tempo diário para estar em silêncio.*

– **Seu corpo energético se harmoniza com a energia daquilo com que ele entra em contato.** Portanto, ele é influenciado pela música e pelos programas de rádio que você escuta, pelos programas de televisão a que você assiste, pelas conversas que você tem e pessoas com quem interage, por seu local de trabalho, e assim por diante. Seu corpo energético funcionará sem percalços, em uma vibração elevada, sempre que interagir com outras vibrações elevadas.

Comer alimentos de energia elevada, tais como legumes, verduras e frutas recém-colhidas, orgânicas e amadurecidas ao sol, manterá sua energia alta. Se você quiser saber se um alimento tem energia vital elevada, segure-o e, em silêncio, pergunte se ele ama você. Alimentos de alta vibração emanam amor e dirão que sim.

Alguns exemplos de baixas vibrações são música e programas de televisão fundamentados no medo, aglomerações de pessoas em situações competitivas que solidifiquem crenças de separação e muitos produtos químicos, dentre eles os pesticidas, que são criados para matar.

"Aumentar" sua energia artificialmente com o uso de substâncias químicas estimulantes produz, na realidade, o efeito inverso. Seu corpo energético precisa de períodos de recarga, de modo que descansar quando estiver cansado equivale a ouvir suas emoções quando está chateado. Descanse sempre que precisar, e você estará em harmonia. *Coma alimentos de vibrações elevadas, cerque-se de positividade e equilibre-se com descanso.*

Harmonização é cura

A cura poderia ser acertadamente chamada "revelação", porque ela é o processo de revelar seu eu de perfeita saúde por meio da harmonização de cada um de seus quatro corpos com os demais.

Se algo lhe parecer desconfortável, doloroso, repulsivo e assim por diante, preste atenção a tais sinais. *Em vez de tentar encontrar uma pessoa, um objeto ou uma situação que o ajude a sentir-se amado, seja uma mãe ou um pai amoroso para si mesmo:*

- Ouça as queixas de seu corpo físico e pergunte-lhe, de forma direta, o que ele precisa de você.

- Ouça os sentimentos de seu corpo emocional e pergunte-lhe o que eles significam e o que precisam que você faça.

- Ouça as ideias, as compreensões e as epifanias de seu corpo intelectual e você terá um mapa confiável que atenderá a suas necessidades e o manterá a salvo.

- Ouça às flutuações de energia de seu corpo energético. Descanse quando estiver cansado e faça ajustes em sua alimentação e no seu ambiente caso sua energia não se recupere após um período de descanso.

Ao nutrir seus corpos, você se sentirá satisfeito e não precisará de coisas externas para preencher-se. Você experimentará aquela sensação celestial de pertencimento, amor e união dentro de si mesmo. O sonho físico da separação torna-se, então, um sonho gratificante e alegre, repleto de sincronicidade e de experiências agradáveis.

Ouvir a si mesmo com amor incondicional harmonizará sua saúde, que é a base da verdadeira cura.

A Dádiva da Entrega

Uma Mensagem sobre Desapego

A única razão para a existência do sonho da separação foi um desejo de vivenciar a autonomia e o livre-arbítrio. É impossível separar-se de seu Criador, exceto em um sonho, como o que você está vivenciando agora. Mas temos de reconhecer que esse sonho é extremamente realista, contínuo e cheio de emoções.

Você recebeu todo o poder espiritual de criar porque foi feito à imagem e semelhança do Criador. Desse modo, quando recebeu carta branca para criar tudo quanto desejasse, isso incluía experimentar o sonho da separação.

Como já dissemos, tudo o que se cria a partir do amor é gratificante e duradouro, ao passo que qualquer coisa criada a partir de uma motivação de medo (isto é, de insegurança, culpa, raiva, vingança, competição e assim por diante) é insatisfatória e efêmera.

O ego vê a si mesmo em uma competição com Deus para ser o Criador Supremo. Teimoso, ele insiste que o medo o mantém seguro, porque a atitude defensiva e a vigilância podem antever e prevenir perigos. O ego se orgulha das situações que cria, ainda que tais situações sejam o que você chamaria de "desastres" e "drama". O ego é como a pessoa que belisca um bebê até fazê-lo chorar para, em seguida, conseguir confortar heroicamente a criança chorosa.

Assim como os ingredientes que você coloca na massa determinam o sabor e a aparência do bolo, também suas motivações de medo ou de amor determinam o resultado de seus atos. Se você prefere que sua vida seja gratificante e estável, escolha motivações amorosas (ou seja, altruísmo, carinho, compaixão, alegria, e outros motivos semelhantes).

E embora a doação generosa aos outros *seja* um ato amoroso, nós, anjos, ajudaremos a assegurar que suas motivações para gestos de generosidade sejam verdadeiramente amorosas. Nós testemunhamos alguns seres humanos *agindo* com generosidade por motivações fundadas no medo, tais como culpa e medo de conflitos, ou na tentativa de conquistar os favores de outra pessoa.

Doar-se como você é alegremente orientado a fazer assegura que você está agindo em sintonia com o amor. Desse modo, você também receberá benefícios, pois estará unido a todos aqueles a quem se doa.

Conquistar e culpar: por que os problemas surgem

Seu verdadeiro lar espiritual, do qual você tem lembranças conscientes ou inconscientes, é totalmente harmonioso. Como o Céu poderia ser diferente, uma vez que nele não há necessidades não atendidas, nem competição?

Portanto, mesmo nesse sonho de viver em corpos físicos separados, é possível sentir como é viver sem problemas, preocupações e cuidados.

Você deseja a paz em seus corpos físico, emocional, intelectual e energético. A questão é: como alcançar a paz celestial dentro do sonho da separação? Até que haja uma verdadeira compreensão disso, os seres humanos tentam alcançar a paz por instrumentos externos.

Pela lógica, não faz o menor sentido tentar encontrar paz *interior* por meios *externos*. Não obstante, o sonho da separação está fundamentado na busca daquilo que você acredita não ter. Uma alma satisfeita pode estar insatisfeita somente em uma ilusão.

Duas são as principais categorias de atitudes que levam à experiência dos problemas humanos: conquistar e culpar. Ambas são tentativas de encontrar o mesmo nível de puro amor incondicional que todos se lembram de ter vivenciado no Céu:

– **Conquistar.** Envolve tentar comprar, possuir, ter ou conseguir algo que angarie a aprovação externa dos outros. Por exemplo, comprar um automóvel caro e sofisticado ou buscar uma premiação porque você quer impressionar os outros.

A aprovação daquilo que você *possui* ou *faz* é uma versão artificial do amor absoluto que se sente no Céu, onde você é universalmente aceito por quem você *é* – pois Deus criou a alma de cada pessoa com profundidade e dons de igual magnificência. No Céu, você sente a ligação entre todas as almas, que estão unidas dentro do abraço amoroso de Deus.

Esforçar-se para conquistar um bem ou uma condição com o intuito de receber amor incondicional é uma busca sempre infrutífera. Ainda que você viesse a ganhar a aprovação do mundo inteiro (o que, a propósito, nenhum ser humano jamais conseguiu), isso não chegaria perto da deliciosa sensação de pertencimento que se vivencia no Céu.

Felizmente, você pode ter essa mesma sensação de pertencimento dentro do sonho da separação – em linguagem simples: você pode ser feliz aqui na Terra. Nós continuaremos a orientá-lo nessa direção por meio de nossas mensagens nestas páginas e das mensagens que lhe transmitimos diretamente através de seus sentimentos, suas compreensões súbitas, suas visões e sua audição espiritual.

– **Culpar.** Envolve esquivar-se da infelicidade e explicá-la culpando alguém ou alguma coisa. Em vez de procurar soluções em seu interior, o ego humano joga a culpa nos outros: "É culpa do governo", "É culpa dos meus pais", "É culpa do meu cônjuge", e assim por diante.

Buscar razões externas para a infelicidade é tão inútil quanto procurar condições externas para a felicidade. O único motivo de infelicidade é sentir-se desligado do cordão umbilical do amor acalentador de Deus. No entanto, é impossível estar desligado de Deus, exceto no terrível pesadelo da separação. A única saída é acordar do sonho.

Deus onipresente

Deus é seu Criador e a Fonte do amor que preenche você. Deus concedeu-lhe a plenitude dos dons espirituais quando o criou. Esses dons o acompanham no sonho da separação. Você não fugiu de seu lar celestial, esquecendo-se de levar consigo seus valiosos dons espirituais. Eles fazem parte de sua verdadeira identidade.

Embora esse sonho pareça muito real, com pessoas separadas competindo entre si para ter suas necessidades atendidas, a verdade é que você e todas as outras pessoas têm os dons espirituais para solucionar quaisquer problemas que surjam dentro do sonho.

Deus cria irradiando amor, tal como o sol, ao compartilhar cálidos raios de luz. Não existe essa noção de carência, nem esse medo de que um suprimento limitado de amor ou luz chegue ao fim – porque Deus *é* tudo e Deus *é* amor. A presença e o amor de Deus estão em todo lugar, até mesmo dentro de você, de cada pessoa e de cada situação.

Exatamente da mesma forma, você cria a partir de cada ato, sentimento, pensamento ou energia de amor. E no sonho físico da separação, você também pode criar a partir de atos, sentimentos, pensamentos e energia de medo – conquanto sem os mesmos resultados gratificantes e duradouros da criação a partir do amor.

Deus é sabedoria, e sua mente está unida à sabedoria infinita da mente sagrada de Deus. Portanto, você tem acesso a todas as soluções para quaisquer problemas aparentes. Como já vimos, buscar qualquer coisa, inclusive respostas, fora de si mesmo é uma busca inútil.

Ao criá-lo, Deus fez de você um universo autossuficiente, no qual existe um fornecimento contínuo dos meios de satisfazer todas as suas necessidades. Apesar disso, o único modo de vivenciar essa satisfação e essa paz é saber que você já as tem. Qualquer tentativa de procurar por satisfação e paz fora de si mesmo é um desperdício de tempo e energia, além de um obstáculo que o impede de encontrá-las *dentro de* si mesmo.

Deus está em você e você está em Deus. Nenhuma situação nem parte de você está longe de Deus, já que Deus está em todo lugar.

No sonho da separação, pode parecer que Deus está distante e ocupado demais para atender as suas preces. Como você é um criador, pode criar a partir dessa premissa... e os resultados serão insatisfatórios, efêmeros e, provavelmente, assustadores e dolorosos.

Quando surge um problema, existem três maneiras de lidar com ele:

1. Conquistar: Tentar resolver um problema por meio da aquisição de algo externo: como, por exemplo, comprando ou ganhando alguma coisa. Essas tentativas sempre levam a irrupções efêmeras de prazer, o que pode ser confundido com satisfação e felicidade.

2. Culpar: Apontar o dedo para pessoas, organizações ou condições que o "impedem" de conseguir o objeto ou a condição que você acredita que lhe proporcionará felicidade. O ego acredita que, se você puder eliminar ou mudar a pessoa culpada, então a felicidade virá. O ego argumentará que existe um vilão provocando a infelicidade, porém, culpar um "vilão" não lhe trará felicidade.

Relacionado à atitude de culpar está o processo de impor condições exteriores à felicidade, como, por exemplo, "eu seria feliz se o mundo estivesse em paz". E culpar-se pela infelicidade é o mesmo que culpar outras pessoas, porque a culpa é sempre um pensamento de separação que diz que alguém é "ruim". A culpa nunca procura soluções, tampouco as encontra, à exceção da punição e da vingança... as quais não proporcionam felicidade à pessoa que está culpando a si mesma ou aos outros.

3. Criar: Envolve as duas etapas a seguir:

- *Saber* que Deus está dentro de você, em todas as pessoas e em todas as situações. Se você precisa aumentar sua fé, a oração pode restabelecer seu conhecimento espiritual inato. Fé é acreditar, ao passo que conhecimento é saber.

- *Revelar* esse Deus que está dentro de você, em todas as pessoas e em todas as situações. Lembre-se de que é mais acertado chamar "cura" de "revelação" da verdade espiritual que Deus – sendo paz, saúde, abundância e tudo o que é considerado bom – está em você, em todas as pessoas e em todas as situações. Uma maneira é "clamar" a Deus, algo como *Peço a Deus que revele o amor* [ou a saúde, a sabedoria, a abundância, ou qualquer outra coisa que pareça estar "faltando"] *que é inerente a* [nome da pessoa ou situação]. Ao retirar a camada superficial de ilusão dos problemas, você sempre encontrará as soluções de Deus prontas para desfazer as criações baseadas no medo.

Deus lhe deu o poder espiritual de criar, e você dispõe de indicadores internos em seus corpos físico, emocional, intelectual e energético para informar imediatamente e com precisão se você está criando a partir do amor ou do medo.

Se estiver criando a partir do amor, você experimentará aquelas sensações celestiais familiares de afeto, segurança, amor incondicional e conforto. Mais que isso, sua felicidade reluz com o amor resplendente de Deus, amor que as outras pessoas reconhecem em um nível visceral e pelo qual se sentem atraídas. Criar a partir do amor é análogo à situação do "riqueza atrai riqueza", porque felicidade gera ainda mais felicidade.

Se você estiver criando a partir do medo, sentirá solidão, abandono, frio e apreensão. Como já dissemos, tentar "curar" tais sentimentos com métodos externos, como o de conquistar ou culpar, apenas o afastará ainda mais da felicidade verdadeira e duradoura. Portanto, culpar alguém ou alguma coisa por sua infelicidade nunca soluciona os problemas, e conquistar um objeto ou alcançar realizações também não.

A dádiva da entrega

Sua mente e a mente de Deus estão absoluta e eternamente unidas. Isso equivale a ter acesso total ao melhor computador e ao conselheiro mais sábio do universo! Tudo o que é de Deus também é seu.

Talvez você pense na união de sua mente com a mente de Deus como sua "mente superior". Ela contrasta com a "mente inferior" dos pensamentos apreensivos, que tomam decisões com base no medo.

Se você se dispuser a desenvolver o hábito automático de aconselhar-se com sua mente superior e com Deus (que são um) para receber respostas e orientação e, então, seguir essa orientação, você trilhará serenamente a estrada plana do amor.

Antes de tomar decisões, faça uma pausa e volte-se para Deus, que está sempre disponível para orientar. Esse pleno acesso é uma dádiva que lhe foi concedida e, quando você não se aconselha com Deus, perde os benefícios dessa dádiva.

Alguns seres humanos escolhem não pedir ajuda a Deus, preocupados que Deus esteja ocupado demais, ou que eles e seus problemas não tenham importância suficiente que justifique atenção pessoal. Essa é uma crença limitante que cria dor e sofrimento desnecessários.

Imagine como sua vida seria diferente se você seguisse à risca a orientação de Deus e de sua mente superior. Sinta a paz profunda que o envolve quando você se dá conta de que essa maneira de viver é semelhante a uma volta ao lar no Céu.

Seu Criador, como todo pai e mãe amorosos, sempre o orienta a seguir pelo caminho do amor em toda e qualquer situação. Para o Criador, não existem outras opções, tão somente o amor.

Como sua mente já está unida à mente de Deus, você já *ouve* nela os pensamentos amorosos de Deus. Se essa conversa chegará ou não até sua percepção consciente é uma escolha sua.

Portanto, aconselhar-se com Deus não significa olhar para fora de si, como se você fosse procurar por um guru no alto de uma montanha. Deus está aí, dentro de sua mente, assim como você está dentro da mente d'Ele. Desse modo, aconselhar-se significa simplesmente ativar a percepção da voz amorosa que existe em sua mente. Essa é a orientação delicada, porém forte, que você pode sentir, ver, conhecer e ouvir. Essa orientação faz todo o sentido e soa verdadeira.

Se você se esquece de consultar Deus antes de tomar uma decisão, nós, anjos, transmitimos forte orientações de Deus – em especial se você pedir nosso auxílio. Nossa orientação, somada à observação da resposta de seu corpo emocional (por exemplo, a decisão parece ser "incorreta" ou o deixa confortável?), sempre o conduz de volta ao caminho do amor, não importa de onde você esteja vindo.

A batalha interna de não saber o que fazer surge quando o medo luta pelo controle. O medo sempre argumenta e fala em termos dos piores cenários, como um pobre animal enjaulado, em pânico. Como se pode confiar nessa força para criar algo, quando a criação é sempre um reflexo do criador? Aconselhar-se com o medo antes de tomar decisões é garantia de drama e sofrimento sem fim.

Até mesmo os termos *entregar* e *deixar acontecer* geram mais ansiedade no caminho do medo, porque o medo tem obsessão pelo controle. Para o ego, entregar-se equivale a perder para o inimigo, admitir a fraqueza e a derrota.

Sua mente superior vê a entrega de uma forma tão diferente! Neste momento, estamos definindo *entrega* como afundar na maciez deliciosamente confortável do amor de Deus. No caminho do amor, entrega é o mesmo que "relaxar".

E é relaxante entregar tudo a Deus e à sua mente superior. Nada de conflitos nem de tentar prever as coisas; apenas um caminho plano pelo qual você desliza, sem esforço, com total confiança.

O ego receia perder a individualidade ou personalidade caso se entregue a Deus, porque ele não tem lembranças da deliciosa união com Deus que é seu verdadeiro lar espiritual. O ego não faz ideia do que é sentir-se seguro, confortável e aceito. Para o ego, "você" é a personificação dos medos que ele tem, e perder tais medos seria perder a própria força vital.

Não é aconselhável travar um cabo de guerra com o ego para tentar arrancar o controle das mãos desse medroso. O ego adora competitividade e tem obsessão por vencer. Em vez de lutar para vencer o medo, você pode entregar uma questão nas mãos de Deus e enviar amor para aquela sua parte que está em conflito.

Envie amor para o ego.

Envie amor para a energia do medo.

Envie amor para aquela sua parte que sente medo.

Envie amor para seu medo da entrega e seu desejo de estar no controle.

Tenha compaixão de seu sonho de separação, nascido de uma fantasia de controlar o universo. O medo sempre se desfaz na presença do amor incondicional e da compreensão compassiva. Tal como derramar água sobre uma fogueira, o amor arrefece a raiva, a ansiedade, a culpa e outros derivados do medo.

Pense em uma mãe amorosa reconfortando seu bebê choroso e você sentirá a energia da compaixão estendendo-se para seu próprio eu... inclusive para o ego.

Entregue-se e ame a si mesmo como Deus o ama: completamente. Ame seus corpos físico, emocional, intelectual e energético, e ouça-os com compaixão. Apenas não siga os conselhos deles antes de consultar Deus.

Se você criar alguma deformidade com a energia do medo, é sempre possível pedir a Deus uma escada para que você possa subir de volta ao amor. É aí que vemos a eficácia da oração, na mudança do canal do medo para o canal do amor, de modo que a cura possa acontecer. Não tente consertar tudo com seu eu inferior quando seu eu superior está sempre disponível para apontar soluções.

Deus está permanentemente conectado e disponível, e é impossível "incomodar" ou "aborrecer" Deus. A união íntima com Ele da qual você desfruta por toda a eternidade lhe dá acesso absoluto à biblioteca infinita de informações.

É muito mais fácil aconselhar-se com Deus antes de tomar uma decisão do que rezar por um milagre depois de pegar um atalho pelo caminho do medo. Por que não evitar problemas desde o início cultivando o hábito de aconselhar-se com a sabedoria divina antes de agir?

Entregar-se de novo a Deus

Para a maioria dos seres humanos, é uma grande decepção perceber que a felicidade duradoura e gratificante não pode ser encontrada fora. Você poderia celebrar a conquista mais esplêndida, comprar o produto mais perfeito, comer a melhor refeição e receber elogios do mundo inteiro, mas essas exterioridades ainda não lhe proporcionariam felicidade nem satisfação duradouras.

Talvez essas coisas ofereçam breves momentos de satisfação, mas elas não podem durar, tampouco podem ser combinadas de modo a criar um longo interlúdio de felicidade. Você pode desfrutar de uma refeição saborosa, o que é muito diferente de contar com aquela refeição para lhe proporcionar significado e plenitude. Isso levará a uma compulsão por comida com o intuito de alcançar a sensação de satisfação. O mesmo se aplica a outras formas de compulsão.

É chegada a hora de desistir da busca externa e perceber que esse mundo não tem nada que o preencherá tal como você se lembra de sentir-se preenchido no Céu. Ocorre um processo de luto quando você percebe que perdeu tempo perseguindo objetivos fúteis que nunca darão retorno. A tristeza e até mesmo uma sensação de que o mundo inteiro está desmoronando à sua volta podem fazê-lo sentir-se vulnerável e inseguro.

Esse processo e esses sentimentos fazem parte do esfacelamento que ocorre quando você solta as amarras que deixavam o ego apegado a substitutos artificiais do Céu. O templo espalhafatoso construído para glorificar o ego começa a desabar.

Enfrentar essa "noite escura da alma" e a grande decepção que a acompanha resultará, para você, na bênção de abrir o coração à verdadeira Fonte de felicidade e satisfação duradouras. Este é o significado de entrega: abrir mão da busca externa pela felicidade e voltar a relaxar no conforto do amor de Deus.

É nesse momento que você retorna ao Céu e recobra sua consciência celestial enquanto ainda mantém seu corpo e sua vida terrena. Então, você dedica o restante de sua vida mortal ao altruísmo, percebendo que este é o único caminho que reproduz a unidade e a felicidade do Céu.

Você ainda continua com o sonho de viver em um corpo físico separado. Contudo, em vez de dissipar seus recursos terrenos com objetivos fúteis, você passa a dedicar-se ao serviço relevante e altruísta. Ao ajudar outras pessoas, animais, o meio ambiente, e assim por diante, você contribui para sentir-se realizado e realmente feliz. Empregue a mesma quantidade de tempo, dinheiro e energia que você teria despendido em um prazer temporário para desfrutar da satisfação duradoura de saber que você deu sua contribuição ao mundo. E, ao doar-se, você sempre recebe aquilo que importa de verdade.

Deus é Felicidade

Uma Mensagem sobre Orações Atendidas

Já vimos a confusão que acontece quando uma pessoa percebe a futilidade de procurar a felicidade fora de si mesma. Essa pessoa começa, então, a olhar para dentro, e a busca pela felicidade continua.

Portanto, deixe-nos esclarecer que qualquer forma de procura ou busca, seja exterior ou interior, é uma negação de que a felicidade já esteja ali. Caríssimo, você não precisa procurar por aquilo que já está lá. Não há necessidade de perscrutar seu íntimo para encontrar um tesouro "escondido" quando o que você procura lhe é apresentado às claras neste exato instante.

Voltemos ao início, quando Deus criou você à imagem e semelhança de tudo o que é Deus:

– **Deus é felicidade.** Logo, você não *tem* felicidade, o que implica um objeto separado que é possuído – você *é* felicidade. Felicidade é sua verdadeira identidade, quem você realmente é agora e sempre.

Assim, não se sentir feliz equivale a não se sentir em seu estado normal. Você não pode perder a felicidade, porque *ela é você*. No entanto, você pode perder o contato com a realidade e acreditar que está infeliz, o que, na verdade, significa o não-você.

Não é necessário complicar a felicidade, a paz interior, a saúde, nem qualquer outra qualidade. *Procurar a felicidade em um shopping center é o mesmo que buscá-la em uma aula de espiritualidade concentrada nessa busca*. Ambos são exemplos ilustrativos da não aceitação de que você já é feliz, sereno, realizado, e assim por diante.

Buscar dentro de si ainda é buscar, e o processo da busca o afasta da experiência de ser. A verdadeira serenidade, por outro lado, é *desfrutar* da magnificência atual do amor, da profundidade da satisfação e do poder das dádivas que são você. Como se pode desfrutar de algo quando se está procurando por ele? Pare de procurar e desfrute de quem você é.

– **Deus é paz.** Desse modo, você não precisa passar horas meditando, nem ler inúmeros livros, viajar para locais exóticos, publicar seus escritos, ter uma prática curativa, tampouco fazer qualquer outra coisa para estar em paz. Você já *está* em paz porque isso é o que você é.

– **Deus é saúde.** Consequentemente, você não precisa buscar cura no futuro, mas desfrutar de sua saúde no momento presente... e, então, vivenciar o fato de estar saudável.

– **Deus é amor.** Portanto, você é amor, amoroso, amado e amável. A totalidade de Deus, que abrange cada pessoa, tem um amor pleno e incondicional por você.

– **Deus é satisfação.** Deus não tem necessidades, nem você. Dentro do sonho de ter um corpo físico separado, tudo é oposto à realidade do Céu:

- Na verdade espiritual, você é uno com Deus. No sonho, você está separado de Deus.

- Na verdade espiritual, você é uno com todos os seres. No sonho, vocês têm corpos separados.

- Na verdade espiritual, você não tem necessidades. No sonho, você tem de trabalhar para satisfazer suas necessidades.

- Na verdade espiritual, você compartilha de uma harmonia amorosa com todos. No sonho, o ego entra em atrito e compete.

O sonho da separação de Deus é aterrorizante, porque constitui uma desconexão da Fonte, o que o lança em um mundo bizarro e completamente diferente. Você nunca se sente seguro ou relaxado e desfrutando de seu eu divino em um lugar onde o medo é tratado como majestade.

O que você pode fazer, porém, é utilizar seu eu divino – e todo o poder divino que você é – para transformar o sonho em uma experiência mais gratificante e agradável.

Você: o poder que deus criou

Já enfatizamos repetidas vezes que a experiência física humana é um sonho realista que você tem enquanto permanece adormecido em seu lar original, no Céu, no conforto do amor de Deus. O sonho começou com a ideia de que você poderia pegar seu poder de criação concedido por Deus e construir seu próprio mundo, onde "você" estivesse no comando. Assim surgiu o ego – a vontade que aparentemente se opõe a Deus.

Então, você está preso dentro desse sonho? A morte física é o único modo de escapar dele? A resposta para as duas perguntas é *não*.

Tal como em um sonho noturno cujo resultado você pode direcionar, o sonho da separação também pode ser direcionado por você.

Com "direcionar" não estamos insinuando que você controlaria tudo e todos. Embora você tenha um enorme poder que Deus lhe deu ao criá-lo, o desejo de controlar o mundo é mais um exemplo de busca da felicidade através de situações exteriores. Ser o "Dono do Mundo" é uma tentativa de sentir-se amado (coisa que você já é) e especial (um objetivo do ego apartado, que quer que as outras pessoas sejam melhores ou piores que ele mesmo para conservar a ilusão da separação).

Talvez seja melhor continuar com a analogia dos sonhos que você tem quando está dormindo. Você provavelmente concordaria que alguns sonhos são agradáveis, ao passo que outros são pesadelos assustadores. E existem também os sonhos lúcidos, nos quais você percebe que está sonhando. Durante os sonhos lúcidos, você pode tomar decisões conscientes para mudar o enredo e a direção do sonho. Dessa forma, você consegue vivenciar experiências fantásticas como levitar e voar, transformar-se e metamorfosear-se, desfrutar de interlúdios românticos e assim por diante.

É a mesma coisa com o sonho da separação. Ao se dar conta de que está de volta ao lar, no Céu, sonhando estar em um corpo físico separado, você pode tomar decisões conscientes no sentido de alterar o enredo e a direção do sonho.

Deus não só lhe *deu* poder – Deus o *fez* poder. Você *é* o poder que pode ter, ser, alcançar e fazer qualquer coisa. Você não tem limite – nenhum limite.

Sua vida é agora um sonho lúcido do qual você é o diretor. Assim, a questão passa a ser: Em que direção você deseja conduzir seu sonho?

Para muitos, o desejo é adquirir bens e experiências externos. E você *pode* ter essas experiências e acumular todos os bens que desejar. Isso, por si só, talvez seja um catalisador para compreender que um vazio persiste, não importa quanto você conquiste e receba. Riquezas, comida, diplomas acadêmicos, relacionamentos, títulos ou prêmios, independentemente de sua quantidade, não conseguem preencher o vazio.

É nesse ponto do sonho que nós oramos para que você escolha a verdadeira satisfação em vez do eterno vazio. Por favor, ouça-nos: claro que você pode ter uma vida segura, confortável e gratificante no sonho. Você tem o poder, dado por Deus, de criar instantaneamente qualquer coisa de que precise *como uma plataforma* para seu serviço altruísta. Deus não quer que você viva na miséria enquanto ajuda os outros, porque Deus não concebe nenhum tipo de carência. Deduzir que, se você recebe, outra pessoa deixa de receber é afirmar carência e limitações – e nada disso existe, exceto no caminho do medo.

Portanto, seu sonho de separação pode ser tão agradável como qualquer sonho feliz que você já teve enquanto dormia. Use seu poder divino para vivenciar um maravilhoso caminho de amor. Tenha uma família amorosa, uma casa confortável, saúde excelente e tudo o mais que se considera desejável. Mas não acredite que tais experiências levem à profunda satisfação que você se lembra de ter experimentado em sua vida celestial.

Essas experiências agradáveis são seu pano de fundo, não o primeiro plano. Não fique obcecado por sua casa, bens, trabalho ou finanças, mas seja grato por tudo que você escolheu ter. Você dirigiu esse sonho lúcido e pode optar por mudar o enredo e a direção dele.

Até aqui, já falamos sobre os caminhos do amor e do medo, e de como suas criações a partir do amor altruísta são duradouras e gratificantes, enquanto suas criações a partir do egoísmo e do desejo de ser melhor que os outros (de estar separado dos outros) são insatisfatórias e efêmeras.

A verdadeira natureza da oração

Você, que tem todo o poder do universo à sua disposição, não deve se limitar a pequenos truques de magia de manifestação. Seu sonho pode ser uma obra-prima magnífica, com um enredo inspirador e feliz.

A forma de dirigir seu sonho-filme é por meio da oração. A maioria das pessoas pensa na oração como um apelo a um comitê distante que pode aprovar ou não o pedido. Dessa concepção surgiram rituais supersticiosos para apelar à misericórdia de Deus.

Vemos uma resistência inconsciente à oração, algo muito parecido com aqueles adolescentes que se revoltam por ter de pedir as chaves do carro aos pais. Por isso, é reconfortante perceber que orar não é apelar a uma figura de autoridade em separado, porque Deus está em sua mente e você está na mente de Deus. Seus pensamentos amorosos são literalmente os pensamentos de Deus transitando por você.

Orar é escolher.

Orar é direcionar.

Orar é decidir qual será a próxima cena do filme que é seu sonho.

Você precisa da permissão de Deus para direcionar e decidir? Essa preocupação deriva da ideia de que Deus é uma figura distante de autoridade, uma crença comum que pode levar algum tempo para ser substituída pelas compreensões a seguir:

Não há separação entre você e Deus: vocês estão unidos para sempre;

e

Ao criá-lo, Deus lhe deu o poder de criar.

Dito isso, você tem o poder de criar a partir do medo ou do amor. Qualquer coisa criada a partir do amor é duradoura e gratificante. Tudo quanto é criado a partir do medo fica dentro do sonho irreal da separação e, portanto, não tem condições de durar nem de promover satisfação.

Deus não pune, não impede, não testa nem nega dádivas; porém, você pode usar o poder que Deus lhe deu para criar castigos, obstáculos, testes e provações baseadas no medo. Com suas escolhas, você tem o poder de dirigir um filme que seja uma tragédia, uma comédia ou uma obra-prima inspiradora.

Portanto, em vez de pedir a permissão de ter suas preces atendidas, peça orientação sobre o que criar.

Aconselhar-se com Deus antes de tomar uma decisão é o mesmo que aconselhar-se com seu eu superior ou com o Espírito Santo. Em outras palavras, pedir orientações para seguir o caminho do amor.

Contudo, às vezes o medo está tão difundido que elevar os pensamentos a Deus talvez pareça impossível. É nessas situações que você pode invocar Jesus, ou a nós, anjos, ou outros seres de puro amor, para elevar sua consciência.

Não se engane: Deus o ouve e o sente, quer você esteja em meio ao medo, quer esteja na glória do amor. Não há um único instante em que suas preces sejam ignoradas ou não sejam ouvidas.

No entanto, quando seus pensamentos estão toldados e suas emoções, entorpecidas, é possível que você não ouça à sabedoria nem sinta o amor aconchegante de Deus. É nesse momento que recorrer a Jesus ou a nós, anjos, pode elevá-lo ao nível do amor e lembrá-lo de consultar a sabedoria de Deus para *tudo*.

Ao orar por outras pessoas, você está escolhendo e direcionando seus desejos para elas. Todavia, lembre-se sempre de que as outras pessoas também estão escolhendo e conduzindo seu próprio sonho. Portanto, uma oração por alguém pode não redundar naquilo que você desejou, porque cada indivíduo dentro do sonho da separação conduz e escolhe seu próprio sonho.

Damos ênfase a isso porque vemos muitos seres humanos perdendo a fé quando parece que suas preces não são atendidas. Eles oram pela saúde de alguém e, em vez de melhorar, a pessoa falece. Não esqueça que culpar faz parte do caminho do medo, e isso inclui "culpar" Deus pela morte aparentemente prematura de alguém.

Dentro do sonho da separação, culpar os outros é uma ocorrência corriqueira. Isso ajuda os seres humanos a se esquivar da culpa que talvez carreguem e a entender suas experiências.

Não obstante, o sonho da separação está acontecendo dentro de cada mente aparentemente independente. Você e todas as demais pessoas estão fazendo escolhas e conduzindo um "enredo cinematográfico" separado no sonho. É daí que vem a crença no livre-arbítrio.

Digamos que você esteja orando para que uma pessoa se cure de um problema de saúde e essa pessoa, em vez de curar-se, morre. Você "culparia" Deus por não ouvir sua prece? Como isso é possível se toda oração é ouvida e atendida?

E se seu enredo cinematográfico for diferente do enredo da pessoa por quem você está orando? O anjo de guarda de toda pessoa que enfrenta sérios desafios de saúde mostra a ela as diversas possibilidades de resultados e escolhas que ela pode fazer. Logo, a pessoa de nosso exemplo talvez tenha visto que, se escolhesse sobreviver no plano físico, sua família teria de dispensar-lhe cuidados médicos. Em seguida, pode ter visto a alternativa de deixar o corpo físico e o quanto sua família sofreria com a dor do luto, mas, por fim, seria "aliviada do fardo" de cuidar da pessoa doente. Assim, ela escolhe deixar o sonho físico, por acreditar que essa é a dádiva mais amorosa a conceder a sua família. Essa é uma escolha da pessoa.

Ela poderia ter feito uma terceira opção, de recuperar-se por completo e viver fisicamente com a família sem necessidade de cuidados? É claro! Tudo é possível com seu poder de escolha. A seguir, discutiremos por que os seres humanos escolheriam um caminho considerado não tão bom.

A Luz do Despertar

Uma Mensagem sobre Escolhas

Alcançar uma percepção totalmente consciente da unidade com Deus é um processo:

- *Primeiro*, um lampejo de curiosidade intelectual, talvez depois de ouvir ou ler uma discussão sobre a unidade.

- *Segundo*, a contemplação dessa possibilidade e suas implicações.

- *Terceiro*, uma experiência mística que desperta a curiosidade sobre a proximidade de Deus.

- *Quarto*, uma mudança de atitude: de ter medo de Deus a estar consciente do agradável enlevo do amor de Deus.

- *Quinto*, uma crença sólida na plenitude de Deus, mas ainda a partir de um ponto de vista de quem está separado d'Ele.

- *Sexto*, experiências mais frequentes de ver todos em absoluta união com você.

- *Sétimo*, um desejo de regressar à consciência da unidade, acompanhado de preces fervorosas, com pedidos a Deus para que o liberte do sonho de separação do ego.

- *Oitavo*, medos da perda do controle são entregues a Deus, de modo que você possa desvincular-se do sonho de separação do ego.

- *Nono*, caminhar em ambos os mundos ao mesmo tempo, vendo o mundo de separação do ego como um sonho e tendo compaixão daqueles que estão sonhando.

- *Décimo*, desenvolver o hábito de aconselhar-se com Deus e com seu eu superior antes de tomar decisões.

- *Décimo primeiro*, sentir e vivenciar o amor de Deus continuamente. A vida terrena é uma vida de bem-aventurança.

- *Décimo segundo*, ensinar outras pessoas, com seu exemplo positivo, a confiar em Deus.

Essa não é uma lista para medir "conquistas espirituais", como o ego gostaria de fazer. É tão somente um mapa geral da sequência do que acontece desde o momento do adormecimento até o instante do despertar.

Nós, anjos, não temos ego nem estamos vinculados a quando ou como você desperta. Nosso único foco é fazê-lo recordar sua verdadeira natureza divina, um conhecimento que automaticamente traz consigo uma sensação de felicidade e segurança.

Como enfrentar os medos do despertar

Se você tivesse de despertar um amigo que estivesse tendo um pesadelo, haveria momentos confusos em que ele não acreditaria que o pesadelo não era real. O mesmo se dá com os companheiros humanos que somos designados a auxiliar.

Nós testemunhamos a luz do despertar logo seguida pela crescente escuridão do esquecimento e a oscilação entre os caminhos do amor e do medo, como em uma montanha-russa, até que finalmente vem a decisão de optar pela estabilidade, com felicidade verdadeira e duradoura.

Quando nós, anjos, prometemos uma vida serena, repleta de amor próprio, por todas as outras pessoas e, é claro, por Deus, estamos entregando a chave para tudo que você deseja. Não há custo nem sacrifício para alcançar isso... exceto para o ego, que estremece diante da ideia de perder o controle.

Quais medos surgem quando você pensa em entregar-se inteiramente a Deus? O medo de ser controlado, ridicularizado, de abrir mão de sua individualidade ou de perder a chance de ter diversão de ordem material? Tais medos são os fios que o ego manipula para controlá-lo como uma marionete.

O ego adverte que você perderá os prazeres da vida, bem como sua individualidade, caso entregue sua vida a Deus. "A vida será chata, ninguém o admirará e você não terá dinheiro", diz o ego.

A voz do medo também fala ao seu "calcanhar de Aquiles", isto é, seus receios e vulnerabilidades pessoais. Desse modo, se você tem receio de que as pessoas o abandonem, riam de você, de ser demitido, e assim por diante, esses serão os exemplos específicos que o ego lhe mostrará. O ego sempre fala em termos dos piores cenários possíveis, fingindo ser sua intuição a alertá-lo de um futuro calamitoso.

A voz do medo afirma que aqueles que se entregam à vontade de Deus estão destinados a levar uma vida ascética de pobreza. Permita-nos lembrá-lo que "entregar-se" significa, na verdade, aconselhar-se alegremente com Deus para garantir que seus atos estejam em sintonia com o amor e não com o medo.

A partir dessa perspectiva, vemos que as pessoas mais felizes são aquelas que têm uma vida harmoniosa. Seus níveis de renda financeira variam, bem como suas conquistas. Todavia, todas elas partilham da mesma atitude de dedicar a vida à alegria: levam uma existência exuberante, com gratidão e bênçãos, e disseminam a alegria aonde vão.

O medo da perda do controle é, na verdade, o medo de que lhe digam o que fazer. O ego é um rebelde que não quer conselho nenhum, pensa que orientação equivale a crítica e considera um sinal de fraqueza aconselhar-se com alguém. Ironicamente, porém, o ego não tem problema algum em dizer-lhe o que fazer. Se você não o obedecer, ele o pune com o medo.

O ego quer que você seja um universo isolado, onde ele é o rei e você, o súdito. Ele adverte que você perderá esse reino frágil caso o traia procurando a orientação de Deus.

No entanto, não há escolha, porque você é felicidade. Escolher outra coisa que não seja a felicidade é prolongar o sonho da separação e trilhar o caminho do medo. Pense na preocupação como um ingresso para o caminho do medo.

No caótico mundo físico da separação, os argumentos do ego parecem lógicos e levam a receios que o impedem de aconselhar-se com Deus. Listaremos e explicaremos tais medos de maneira a expô-los à luz do conhecimento para que o medo se dissipe, assim como a escuridão desaparece quando se acende uma luz.

– **Merecimento e valor.** Uma profunda preocupação em ser "bom o bastante" para conseguir o amor e o auxílio de Deus, de Jesus e dos anjos nasce do foco no você apartado, que é o você irreal. O eu isolado sente-se absolutamente imperfeito, porque você sabe que ele não é quem você é de verdade. Contudo, ao aconselhar-se com Deus, você é seu verdadeiro eu, que se sente natural e confortável. Você se ama de uma maneira saudável e equilibrada, de modo a saber que você, como todas as pessoas, merece o auxílio e o amparo de Deus. Você é tão merecedor e digno como qualquer outra pessoa, pois Deus o criou deliberadamente. Lembre-se sempre de que você está dentro de Deus e Deus está dentro de você.

– **Abandono.** Medos referentes ao abandono são desencadeados pelo sonho original da separação. O ego o convenceu de que Deus está distante e você está sozinho e abandonado, tendo tão somente o ego como aliado. Não obstante, você jamais poderia separar-se de Deus, exceto no sonho. Mas o choque inicial de sentir-se separado de Deus é percebido como o máximo abandono parental. Enquanto você não enfrenta esses temores, eles permanecem escondidos e se reproduzem em experiências de abandono no sonho, como espelhos dentro de espelhos dentro de ainda outros espelhos, um reflexo infinito do trauma original. O medo de aconselhar-se com Deus vem do medo de você ter abandonado Deus ou de que Deus o tenha abandonado, duas situações simplesmente impossíveis.

– **Isolamento social ou rejeição.** *O que as pessoas vão pensar?* é uma séria preocupação do ego, que faz de tudo para ser melhor que os outros. O ego tem obsessão por estar acima dos outros como forma de sustentar a ilusão da separação. O medo é que consultar Deus possa levar a pessoa a fazer escolhas impopulares, tais como fugir e tornar-se um eremita. Se sua família ou seus amigos não forem espiritualizados, talvez você tenha receio de que eles venham a julgá-lo. No sonho da separação, aqueles que se aconselham com Deus passam por um período em que abandonam tudo que é artificial, inclusive relacionamentos que já não são simbióticos. Isso faz parte do despertar, exatamente como a transição dos sonhos noturnos para o instante em que você abre os olhos pela manhã.

– **Resistência à mudança.** Quando você passa do caminho do medo para o caminho do amor, inevitavelmente ocorrem mudanças. É algo semelhante a acender as luzes e ver uma bagunça que você não notou no escuro. Agora que você sabe da existência da bagunça, você quer arrumá-la. O mesmo se dá quando você percebe que pode recorrer a Deus para tudo e receber orientações confiáveis e maravilhosas. De repente, seus padrões se elevam, porque Deus tem padrões elevados para todos. Você já não se sente disposto a acomodar-se e sofrer, por isso começa a considerar a possibilidade de fazer mudanças. A questão é se você confia na orientação de Deus. Seus relacionamentos também mudam, pois você passa a ter mais foco espiritual. Pode ser que você e seus amigos já não tenham interesses em comum e se afastem. No sonho da separação, a mudança costuma vir acompanhada de sofrimento. Existe uma dor de luto por aquilo que foi, bem como no processo de desapego.

– **Insegurança financeira.** *Se eu me render à vontade de Deus, será que vou abandonar meu emprego em um impulso e deixar de ter uma renda?* Esse é o medo de aconselhar-se com Deus. É o medo do futuro desconhecido e de ceder o controle à "vontade de outrem". Lembre-se apenas de que a sua vontade e a vontade de Deus são uma só. Na realidade, ao entregar-se a Deus você se rende à vontade de seu eu superior em vez de entregar-se à vontade do ego, que é cheia de medo. Nós percebemos que, quando se entregam a Deus, os seres humanos sentem-se mais tranquilos e confiantes, encontrando, assim, mais satisfação e "sucesso" no trabalho.

– **Perfeccionismo e procrastinação.** Estar em um impasse costuma ser um sinal de perfeccionismo, quando você tem medo de tomar a decisão "errada". Isso resulta em um medo de seguir adiante, de optar por atos dos quais você se arrependa mais tarde. Geralmente, o perfeccionismo é uma crença inconsciente de que alguém o julgará por suas escolhas ou por não atender a algum padrão absurdamente elevado. Em última análise, trata-se do ego fazendo o papel de juiz. Mas, como o ego é uma ilusão irreal, não existe nada a temer. Embora seja sensato aconselhar-se com Deus antes de tomar decisões e atitudes, ao receber sua tarefa divina, você pode avançar com confiança, comunicando-se sempre com Deus durante o trajeto.

– **Perder o controle.** Vemos muitos seres humanos que temem que a entrega a Deus signifique que eles "enlouquecerão" e terão um comportamento bizarro. A razão disso é que eles acreditam que o caminho do medo os mantém seguros, e o caminho do amor é frívolo e ingênuo.

– **Abdicar do poder.** O ego está sempre lutando contra "inimigos" que podem tirar-lhe o poder e o controle. O ego imagina estar lutando com Deus para ver quem tem controle sobre você. Desse modo, para o ego, a ideia de entregar-se a Deus equivale à derrota. É claro que essa disputa de poder acontece apenas no sonho da separação... e ela pode desenrolar-se entre as pessoas que estão no sonho. Participar de disputas de poder é sempre desgastante e inútil, porque ninguém pode controlar o Sagrado Filho de Deus que você é na verdade espiritual.

Existem outras variações desses receios criados pelo ego para você continuar convencido de estar separado de Deus e das outras pessoas. Agora que você viu o caráter ilógico de tais medos, eles já não conseguem afligi-lo como antes. Nós, anjos, podemos ajudá-lo a libertar-se da teia de temores egoicos, se você nos pedir isso. Basta dizê-lo, e nós estaremos ao seu lado para retirar o véu e ajudá-lo a lembrar-se de quem você é e de onde você está na verdade espiritual.

Embora você ainda permaneça na forma física, nós temos condições de ajudá-lo a desfrutar de um sonho feliz no caminho do amor. Continua sendo um sonho, porque parece que você está em um corpo separado... mas você vê através dessa ilusão e percebe a brilhante luz divina resplandecendo dentro de si mesmo e de todas as pessoas que encontra. Isso está além do processo de perdoar, porque você vê apenas amor em vez das ilusões superficiais.

Lembre-se de uma ocasião em que você tomou uma decisão com clareza e facilidade. Havia uma consciência de que aquela era a escolha certa. Você fez a escolha e nunca olhou para trás. Escolher viver um sonho feliz não é mais complicado do que isso. Na realidade, é mais fácil, porque, na verdade espiritual não há nada que decidir. Você está apenas optando por estar plenamente consciente do fato de que você já é feliz.

No sonho da separação, passar de um sonho assustador para um sonho feliz é uma questão de escolha. Você está escolhendo ser seu verdadeiro eu, o que não exige sequer uma escolha porque você já é seu verdadeiro eu.

Diga, com sinceridade: "Eu escolho ter um sonho feliz", em seus corpos físico, emocional, intelectual e energético, e você despertará para um sonho novo, ainda na separação, mas feliz e cheio de serenidade.

Ater-se à sua escolha

Assim como o mestre Jesus já demonstrou, muitas são as tentações para fazê-lo voltar inadvertidamente ao caminho do medo. Alguns chamam esses impulsos de *Diabo*, *mal*, *trevas*, *ego* ou *baixas energias*. Qualquer que seja a orientação teológica, todos esses termos referem-se à sedução de retornar ao caminho do medo.

No sonho da separação, seus corpos físico, emocional, intelectual e energético distraem-se com facilidade em tentativas de satisfazer suas necessidades. É tentador, por exemplo, entrar na competição para ganhar dinheiro suficiente para as despesas com alimentação, moradia e outras coisas essenciais. No sonho da separação, há carência de tudo. Portanto, você precisa competir pelos poucos recursos disponíveis.

Na verdade espiritual, existe abundância de tudo, e muito mais que o necessário. Logo, a competição não é considerada uma opção. Você pode ganhar dinheiro ao trilhar o caminho do amor escolhendo uma profissão que envolva oferecer serviços ou produtos benévolos a preços justos. Logo mais discutiremos sobre como permanecer no caminho do amor "neste mundo".

De volta ao lar, no Céu, com Deus, todas as suas necessidades são atendidas... porque, como um filho no útero, você realmente não *tem* nenhuma necessidade enquanto está mergulhado em Deus. Você é instantânea e continuamente atendido.

Para que você não pense que uma maneira fácil de encontrar a felicidade seja destruir seu corpo físico, por favor, compreenda que estamos falando sobre consciência, não corporalidade. Muitas pessoas que passam da vida física para a vida espiritual pela morte continuam obcecadas pelo caminho do medo. A morte física humana não é uma panaceia mágica para o crescimento espiritual. Existem muitos níveis de consciência, e *a escolha de concentrar-se no amor ou no medo é a mesma para aqueles que estão no corpo físico e aqueles que abandonaram seus corpos físicos.*

Em outras palavras, a morte física não é uma rota imediata para a paz. Sua consciência ainda sobrevive e conserva os mesmos focos e hábitos, tais como preocupações, raiva, rancor e culpa. Nós, anjos, aconselhamos todos que desejam nossa ajuda a sintonizar seus pensamentos com a unidade em vez da separação.

Tão somente ao saber e sentir que tudo está unido é que acontece a paz completa, consistente e duradoura.

O papel do tédio

O tédio é uma das principais tentações que vemos arrastando os seres humanos de uma consciência de amor para uma consciência de medo. Há uma experiência de angústia quando os seres humanos percebem que perseguir objetivos fúteis jamais lhes trará paz ou felicidade. *O que devo fazer, então?* É a pergunta existencial que surge naturalmente quando você volta sua atenção para aquilo que importa.

Quando você deixa de se preocupar com o que os outros irão pensar, já não há necessidade de acumular nem conquistar. Não há necessidade de impressionar os outros, porque esse é o caminho inseguro do medo. Portanto, ao parar de competir, perseguir, adquirir e dedicar-se a outros hábitos baseados no ego, costuma ocorrer um intervalo de sofrimento e confusão. Sofrimento na medida em que seus velhos hábitos, que lhe proporcionavam certa aparência de conforto, já não são necessários. E confusão ao perguntar-se qual é o próximo passo a dar.

O ego é implacável em sua sede insaciável de controlá-lo, especialmente se agora você dedica sua vida a um propósito benevolente e útil. O ego lança sombras sobre aqueles que ameaçam seu reinado. Se seu foco inspirar outras pessoas a viver igualmente a partir do amor em vez do medo, então o ego tem de transformá-lo em alvo de ataque para assegurar a própria sobrevivência.

A única arma de que o ego dispõe é o medo. Quaisquer receios que você tenha ocultado de sua percepção consciente são os medos secretos que o ego usará para convencê-lo a ficar ao seu lado. O ego o convencerá de que alguma coisa horrível acontecerá se você não "se proteger" sentindo medo e procurando por medos adicionais. É por isso que enfatizamos a importância de encarar os medos com a mesma compaixão por si que pais cuidadosos teriam para com seu bebê aos prantos.

Assim, tomemos como exemplo uma situação em que você se dedique a auxiliar altruisticamente os outros, a um trabalho de caridade ou a um serviço ou produto benéficos que você oferecerá a um preço justo. Talvez você decida realizar atividades de cura, escrever um livro ou ajudar crianças. Estes são apenas exemplos, existem muitas outras maneiras de trabalhar no caminho do amor.

Ao dedicar-se a seu trabalho amoroso, o ego – que, em si mesmo, é o medo – teme que tal trabalho amoroso venha a retirar o controle que ele exerce, com base no medo, sobre outras pessoas. Desse modo, o ego procura pelos medos secretos que você tem e o convence de que eles se tornarão realidade caso você continue no caminho do amor. O ego diz que você perderá algo ou alguém que lhe é precioso, a menos que você também adote o foco hipervigilante do ego no medo.

Isso resulta em distrações durante a realização de seu trabalho amoroso, e você se vê entediado e sem inspiração para prosseguir. O tédio indica que sua mente e seu coração não estão engajados em seu projeto amoroso, e você gasta seu tempo e sua energia em outras atividades. Enquanto isso, seu projeto é ignorado e, portanto, não progride.

O tédio é um sinal de que você está trilhando o caminho do medo. Ele mostra que você está em uma frequência vibratória diferente da vibração de seu projeto. O ego pede que você encontre satisfação e felicidade imediatas (que ele não pode oferecer) por meio de atividades sem importância.

Logo, em vez de se dirigirem para algo que é significativo para você, seu tempo e sua atenção são desviados para algo que é temporariamente instigante, mas cuja importância não é duradoura. Em outras palavras, o ego usa o medo para transferir seu foco para buscas externas por felicidade e satisfação.

E agora revelaremos a principal estratégia de atuação do ego: tentar convencê-lo de que, se você tomar atitudes baseadas no medo, você se elevará acima das outras pessoas. Ele diz que determinado objeto lhe dará prestígio, e que certa atitude lhe renderá prêmios. O ego faz com que você se volte para os caminhos "deixar os outros com inveja" e "o sucesso é a melhor vingança" – com a óbvia intenção de manter vivo o sonho da separação.

O ego sempre pedirá que você se considere melhor ou pior que os outros. Na realidade, ele não se importa que você se veja *acima* ou *abaixo* de outras pessoas. Tudo o que interessa ao ego é manter intacta a ilusão da separação.

Portanto, as distrações do ego são substitutos sintéticos para caminhos genuínos de felicidade. A verdadeira satisfação não pode ser "conquistada" porque ela já lhe foi dada. E "deixar os outros com inveja" de você é um caminho frio, solitário e de distanciamento.

Ainda que ganhasse toda a aclamação, os elogios e a inveja do mundo, você continuaria a sentir-se vazio e infeliz. Compare isso com a sensação de ajudar aqueles que realmente precisam, ou inspirar outras pessoas a elevar a sua própria consciência ao amor.

O tédio indica que você não acredita de fato em sua capacidade de concretizar seu projeto amoroso. E, no entanto, se você foi divinamente orientado a iniciar tal projeto, então será divinamente orientado em cada etapa do caminho. Deus atua por intermédio de todos aqueles que se concentram em servir com amor. Coloque sua confiança em Deus, nesse Deus que habita dentro de você, e a insegurança será erradicada.

Você reconhecerá o tédio pela inquietação que ele causa. Há uma necessidade desesperada de encontrar o segredo da felicidade, e – assim como alguém que fica passando de um canal de televisão ao outro – o tédio induzido pelo ego fica ansioso para encontrar o que procura. Porém, ele não *sabe* sequer o que está procurando. O ego promete: "Você saberá o que é quando o encontrar", sem dar nenhuma pista do que está sendo procurado. O ego simplesmente promete a libertação do tédio para aqueles que entram na corrida em busca pelo segredo da felicidade.

O tédio inquieto é a antítese da paz, porque a ideia de paz enfurece o ego. O ego usa um esquema manipulativo para convencê-lo de que a paz é maçante. "Olhe para aquelas pessoas serenas", o ego sussurra, de forma bem audível. "Elas não estão fazendo nada instigante. Você não quer ser como elas". O ego encobre a observação de que tais pessoas serenas são felizes para você concentrar sua atenção apenas nas atividades mansas que elas desempenham.

Uma vez que o ego o tenha convencido de que a paz é maçante (e, portanto, o pior resultado possível), fica fácil para ele tentá-lo com o drama. O caminho de medo e drama está repleto de discussões habituais ("conflitos corriqueiros"), competição, abandono de seus projetos centrados no amor, autossabotagem e outras atitudes baseadas no medo.

O mundo do ego está totalmente centrado em ganhar a qualquer custo. Não existe a noção de que tirar algo de outra pessoa ou agir de maneira nociva é o mesmo que tirar de si mesmo e se prejudicar. O ego acredita na ilusão fragmentada da separação e não enxerga que aquilo que você faz a outra pessoa, você faz a si mesmo.

Se você prestar atenção, perceberá que cada "miragem" com que o ego tenta seduzi-lo é um caminho para a tristeza, o sofrimento e a pobreza. Qualquer experiência, circunstância ou objeto a que o ego possa direcioná-lo jamais resultará em algo além de ainda mais vazio.

O ego não quer que você veja esse padrão doloroso. Ele diz: "Desta vez será diferente. Se você puder adquirir ou conquistar esta 'coisa externa', finalmente será feliz. *Esta enfim lhe trará alegria*. Esta é a verdadeira chave para a felicidade, *eu prometo*".

Liberte-se das garras do convite do ego à tristeza, Caríssimo, e não se deixe enganar por suas alegações vazias e procuras fúteis. *A compreensão de que nada externo o fará feliz é o segredo da felicidade* – um assunto que passaremos a examinar melhor agora.

9

Entusiasmo Sereno

Uma Mensagem sobre a Verdadeira Satisfação

Assim como nada externo pode fazê-lo feliz, também nada externo é capaz de entristecê-lo, irritá-lo ou amedrontá-lo. O verdadeiro você vive no olho tranquilo do furacão de drama que é o sonho da separação. Você está a salvo da ação do tempo, do estresse ou do envelhecimento e permanece exatamente como Deus o criou no início: atemporal, desvinculado do tempo.

Sem a mensuração do tempo não há passado, presente ou futuro com que se comparar. Não existem objetivos, não há montanhas que escalar, nem cabelos brancos ou rugas para contar, tampouco circunstâncias para planejar. Tudo é a pura alegria enlevada do amor penetrante que o nutre e ampara. Esse é seu verdadeiro eu e sua vida real.

Você não precisa adquirir conhecimento, o que sugere que o conhecimento esteja fora de você e deva ser perseguido e capturado. Não há nada fora de você.

Para o ego, isso parece maçante e nada desafiador. Entretanto, um bebê fica entediado ao ser embalado nos braços de uma mãe amorosa ou de um pai afetuoso? Todo o drama do mundo deriva de um erro de raciocínio: que você está separado das outras pessoas e tem de competir com elas por aquilo de que necessita. Quando conseguir ver esse drama pelo que ele realmente é, você já não precisará participar dele.

Existe uma forma mais serena de entusiasmo que a paz lhe oferece enquanto você está no sonho de ter um corpo físico. Você está no sonho agora, trilhando o caminho do amor, com plena consciência de que não há separação entre você e as outras pessoas, nós anjos, Jesus ou Deus.

Enquanto as insignificâncias e os dramas do mundo prometem libertá-lo do tédio e distraí-lo de seus projetos amorosos, a verdade é que essas coisas externas oferecem tão somente um substituto medíocre para a felicidade duradoura. Essas coisas sempre decepcionam, deixando de cumprir a promessa que fazem.

Imagine-se, em vez disso, acordando todas as manhãs com uma agradável sensação de pertencimento, sentido e propósito. Nós, anjos, ajudamos nesse aspecto, transferindo sua perspectiva de ideias como *O que eu posso ganhar?* para *Como posso servir?* A primeira é o lema do ego; a segunda é o chamado da alma.

Negar ou fugir do mundo equivale a afirmar a realidade do sonho que é o mundo. Qualquer ideia fixa de *abandonar* o mundo é igual à ideia fixa de ser melhor que os outros *no* mundo. Todas elas são variantes do pensamento da separação, pensamento que perpetua a crença de que você está apartado de Deus e das outras pessoas. Como já dissemos, essa crença na separação é a base do sofrimento.

O sofrimento não é a vontade de Deus, pois Ele é felicidade pura. Não existe nenhuma parcela da consciência de Deus que abrigue o sofrimento. Se parece que Deus ignora o sofrimento, isso é porque Ele não percebe nada além da verdade espiritual do puro amor. As ilusões não podem entrar em uma mente que é 100% amor.

Por isso Deus enviou Jesus e a nós, anjos, para despertar aqueles que estão adormecidos ao amor Divino. Nós entramos no sonho da separação e seguramos firmemente a sua mão para tirá-lo do pesadelo. O ego tem pavor de Deus, de Jesus e de nós, anjos, vendo-nos como competidores na busca do controle e da vitória.

Para os seres celestiais não existe competição, visto que nada mudou desde que tudo foi criado, no início... exceto em um sonho muito realista.

Como levar alegria à vida física

Quando você compreende que a vida física é um sonho muito realista, você pode usar o poder que Deus criou em você para influenciar o sonho. É semelhante a alguém lhe perguntando: "Se você pudesse criar, com um estalar de dedos, a vida dos seus sonhos, o que você faria e mudaria?". Bem, nós, anjos, estamos dizendo que você não precisa estalar os dedos para mudar o curso de seu sonho.

Como já mencionamos, os sonhos que você vive no estado de vigília e os sonhos que você tem quando dorme são projeções idênticas de seu corpo intelectual. O exemplo que demos anteriormente de um "sonho lúcido" ilustra como você tem o poder de fazer escolhas conscientes enquanto está sonhando. Durante um sonho lúcido enquanto dorme, você pode decidir transformar um enredo negativo em positivo. Nos sonhos lúcidos, você está geralmente se afirmando e dizendo "Não!" às violações da sua paz.

Esse é exatamente o processo de conduzir seu sonho em estado de vigília. Ter consciência de que a "vida não passa de um sonho" significa que você é o sonhador que influencia a experiência onírica. Você tem a opção de aconselhar-se com Deus em toda e qualquer decisão e dar-se tempo para ouvir as respostas.

Você encara a vida como se fizesse parte de uma equipe celestial de roteiristas. Quanto mais você se aconselha com Deus antes de escrever seu roteiro, mais feliz é o filme.

Agora, o poder que Deus criou em você é encarado pelo ego a partir de uma perspectiva de "criança em uma loja de doces". Para o ego, esse poder é uma carta branca para *pegar, pegar, pegar*. E pegar com certeza é uma opção, com todo o poder que Deus colocou em você. No entanto, pegar apenas não traz felicidade.

Você se lembra de como é ser verdadeiramente feliz e ainda sente essa felicidade na verdade espiritual. O que bloqueia sua consciência dessa felicidade é a obsessão por obter cada vez mais. Isso leva a mente a crer que você não é o bastante e se sentirá completo apenas encontrando algo que o satisfaça, o que é um pensamento muito deprimente.

O ego seria capaz de fazê-lo sofrer em um trabalho sem propósito para que você possa pagar por suas aquisições. Para o ego, o sofrimento é o caminho que leva à felicidade e ao "crescimento espiritual". Mas, como alguém que já está unido à poderosa mente de Deus precisaria conquistar mais conhecimento e crescimento?

Você está despertando da ilusão da separação para o conhecimento indubitável de que você é eternamente uno com Deus.

Como reconhecer necessidades e desejos

A saída é estar ciente da diferença entre uma necessidade e um desejo:

- Olhe para as coisas externas como *necessidades* em vez de desejos. No sonho físico, você *necessita* de alimento, água, abrigo e outras coisas essenciais, de modo que recorre a tais coisas para seu sustento, não como fonte de felicidade ou satisfação. Você reconhece que é agradável fazer uma refeição saborosa, mas não transforma essa refeição na solução mágica para seus problemas. Dessa forma, você não se decepcionará quando o que é externo não atender a padrões impraticáveis.

- Isso é o contrário dos *desejos*, nos quais existe a crença de que algo que está fora de você é o segredo para a felicidade duradoura. Existe o pensamento: *Se ao menos eu tivesse isto* [objeto, emprego, pessoa, casa, condição, etc.], *então eu finalmente seria feliz*. Colocar uma circunstância externa como responsável por sua felicidade cria a ilusão de que você não tem o poder, dado por Deus, de escolher a felicidade.

Muitos "desejos" são uma maneira de administrar o estresse que faz parte do sonho de separação e dualidade. Que comportamentos compulsivos você tem para evitar o estresse, mas que, na realidade, estão gerando ainda *mais* estresse para você? Por exemplo, comprar, comer ou beber compulsivamente são desejos de unir-se a algo externo que você acredita que o preencherá e aumentará sua felicidade. O objeto externo parece ser a solução para controle do estresse.

Mas, por favor, pare um instante e avalie se os atos envolvidos na aquisição desse objeto externo estão elevando seu nível de estresse. Nas compras, por exemplo, existem estressores relacionados à aquisição: custear, transportar, conservar e proteger o objeto. Na maioria das vezes, são os objetos externos que começam a ser seus "donos" e a controlá-lo. Isso eleva seus níveis de estresse, de modo que você passa a buscar, em seguida, o próximo "prêmio" externo para reduzir o estresse e aumentar a felicidade.

Prosseguindo nesta discussão franca, avalie, por favor, se algum dos objetos exteriores que você possa ter buscado proporcionaram-lhe felicidade duradoura e paz interior. Depois, pense naquelas ocasiões em que você se sentiu plenamente em paz e profundamente feliz. Onde você estava? Com quem? O que estava fazendo? A felicidade foi momentânea ou ela durou?

Essas perguntas não são uma espécie de julgamento de suas escolhas, mas uma orientação para seu inventário de si mesmo. Suas experiências são seu melhor professor, um professor que responde de imediato se suas experiências geraram dor e medo, ou paz e amor. No início, pode ser que você não se importe se está sofrendo, ou talvez associe a dor com coisas instigantes. Mas, quando passa a amar a si mesmo como Deus o ama, você começa a se importar consigo. Nesse momento você escolhe experiências de amor e paz em vez de aquelas que levam à dor e ao medo.

As experiências dolorosas normalmente nascem das decepções, porque suas expectativas pelo "prêmio" externo que o satisfaria não foram atendidas. A dor da decepção é um padrão em uma longa sequência de acontecimentos na vida. Se você perceber esse padrão de forma consciente, já não deixará sua felicidade futura à mercê da ilusão de que uma pessoa, um lugar, um objeto ou uma situação lhe proporcionará felicidade.

Tire um instante para avaliar como você se sentiria se tivesse menos posses, em vez de mais, para administrar e cuidar. Você se sentiria livre de complicações? Teria menos medo de que alguém levasse ou danificasse seus pertences?

Agora, pense em outras coisas externas que você possa ter lutado para conquistar, ou tentado introduzir à força em sua vida. Talvez você tenha sofrido para ganhar o dinheiro necessário para tais coisas ou, de algum outro modo, tenha se colocado em situações nocivas. Elas proporcionaram a felicidade e a paz que você esperava?

Essas conversas francas consigo mesmo podem trazer a verdade à percepção consciente. É como dirigir rumo a um destino específico. Se a felicidade e a paz são os destinos que você pretende alcançar, então vai querer seguir por uma estrada que o leve para lá. A melhor maneira de saber se você está no caminho certo é analisar se seus atos anteriores deram os resultados desejados. Em caso negativo, você precisará adotar um conjunto de atitudes diferentes.

Sua estrada de felicidade e paz é pavimentada com simplicidade. Em vez de sofrer para conseguir pagar ou conquistar "desejos", seu foco deve ser satisfazer suas "necessidades". Como já dissemos, você precisa de suprimentos básicos para sustentar seu corpo físico. Seus corpos intelectual, emocional e energético também têm necessidades básicas de estímulo e atenção.

Para além dessas necessidades estão os desejos, que, em regra, envolvem uma intenção baseada no ego. Por exemplo, o ego "deseja" ter bens imponentes para impressionar os outros. Isso indica que as outras pessoas são vistas através das lentes da dualidade, como se fossem melhores ou piores. Sempre que houver um desejo de "ganhar" a atenção ou o afeto de alguém, ele surgirá de uma tentativa do ego de manter a ilusão da separação.

Nunca é demais enfatizar:

Sempre que você vê outra pessoa como inferior a você em prestígio, riqueza, educação, popularidade, inteligência, amabilidade, espiritualidade, beleza e charme, consciência, discernimento ou qualquer outro referencial, você está trilhando a estrada do medo, da solidão e da tristeza. Não existe vantagem alguma em ser melhor que outra pessoa, ou em "fazê-la ter inveja de você". Estar acima de alguém é uma ilusão de estar separado. Como você pode sentir-se amado se vê a si mesmo separado de outras pessoas que seriam suas amigas no sonho da separação?

Do mesmo modo, ver os outros como melhores que você pode ser chamado de "humildade" pelo ego, que é um mestre quando se trata de disfarçar seus métodos de medo. Não obstante, analise essa humildade e você verá esta verdade: *Sempre que você se considera pior ou menos que outra pessoa, ou inferior a ela, você está enfatizando a ilusão da separação e duvidando da criação deliberada de Deus que é você.*

Toda vez que você se julga ou julga outra pessoa (não importa quem seja ou o que tenha feito), você se lança à estrada do medo, da dor e da tristeza. Não há como escapar desse fato porque, na verdade espiritual, você está indissoluvelmente unido e é igual a qualquer outro pensamento de Deus.

O ego quer justificar os julgamentos contra aqueles que cometeram "ações imperdoáveis". No entanto, nunca é demais enfatizar o alto preço que se paga ao fazer um único julgamento que seja, por mais justificável que pareça.

Revisitemos uma discussão anterior acerca da diferença entre julgamento e discernimento. O julgamento, como você se recorda, é o combustível do ego quando aplica os rótulos de "bom" e "ruim" nas pessoas. Lembre-se sempre de que o fundamento de existência do ego é manter a ilusão de que você está separado de Deus e das outras pessoas. Para sustentar essa ilusão, o ego deve destacar, continuamente, exemplos de outras pessoas acima ou abaixo de você.

Portanto, o julgamento é a maneira pela qual o ego interage com o mundo das ilusões. Em contrapartida, seu eu superior tem consciência da unidade e, por isso, usa a prática do discernimento para agir. Discernimento significa que você se sente ou não atraído por algo.

Como exemplo disso, o ego rotularia de "ruim" ou "inferior" alguém que estivesse ingerindo grandes quantidades de álcool e fumando cigarros. O ego se inflaria de orgulho com essa comparação. Mas o ego nunca está feliz. Ele está eternamente com medo – e associar-se com a estrutura de raciocínio do ego apenas garante o mesmo para você. Não existem exceções.

Em comparação, o eu superior veria a mesma pessoa que estivesse abusando do álcool e do cigarro com uma preocupação compassiva com a saúde e o bem-estar da pessoa. Em vez de dizer que o abuso daquelas substâncias é "ruim", o discernimento diria: "Não me sinto atraído por esse comportamento", ou "Rezarei pela saúde ou felicidade dessa pessoa". O discernimento evitaria a pessoa que abusa de tais substâncias ou tentaria ajudá-la. Não há nenhum julgamento envolvido, apenas ação.

Agora, o ego pode tentar ajudar a pessoa que abusa daquelas substâncias para ganhar elogios, reconhecimento ou aprovação. Lembre-se de que o ego está sempre tentando ganhar alguma coisa, porque ele se considera imperfeito e carente. O eu superior diz que não há separação entre você e qualquer outra pessoa, de modo que ao ajudar alguém você estará ajudando a si mesmo.

Se você conhece esta verdade – *estou eterna e plenamente unido a Deus e a todas as Suas criações* – então já não cai em julgamentos nem na busca pela satisfação de "desejos". Sua vida desfruta do entusiasmo sereno de sentir-se amado e amável. Suas necessidades são simples e atendidas com facilidade.

O "Prêmio" da Vida

Uma Mensagem sobre Felicidade Duradoura

É impossível sentir medo e estar feliz ao mesmo tempo, pois essas duas energias nunca se encontram. Usamos anteriormente a metáfora das faixas vermelha e violeta do arco-íris, que nunca se tocam. A vibração da cor vermelha é demasiado baixa para alcançar a vibração elevada da cor violeta. O mesmo se dá com o medo e a felicidade.

Nós conseguimos ver que você por certo preferiria desfrutar das energias mais altas e sutis. Estamos continuamente elevando sua vibração e sussurrando lembretes das escolhas baseadas no amor que você pode fazer. Apontaremos agora alguns dos meios pelos quais você pode permanecer naquele delicioso estado de felicidade, sem precisar oscilar entre o amor e o medo. Esta é uma escolha que você tem de fazer a cada instante e ela se torna mais fácil quando você tem consciência destas opções e perspectivas para sustentá-la.

- **Saiba que a felicidade é possível.** Você foi criado feliz, à alegre imagem e semelhança de Deus. Portanto, você já *é* feliz na verdade espiritual.

- **Sinta que você merece ser feliz.** Sua felicidade não tira nada dos outros, mas, em vez disso, aumenta a felicidade do mundo e eleva todos à sua volta. Embora você, como todas as pessoas, possa experimentar certa sensação de culpa que o faça questionar seu "merecimento", saiba que essa culpa vem exclusivamente do ego. Quaisquer erros são oportunidades de aprendizado.

- **Perceba que a felicidade é uma escolha sua.** Nada fora de você pode "fazê-lo" feliz. Nenhuma pessoa ou objeto é capaz de gerar felicidade pura e duradoura dentro de você. A felicidade acontece apenas quando você a valoriza, quando sabe que ela é alcançável, percebe que você a merece, escolhe ser feliz e opta por uma perspectiva feliz. Isso implica olhar para si mesmo, para os outros e para sua vida através das lentes da felicidade.

- **Compreenda que a felicidade é seu verdadeiro eu.** Quando você está feliz, está sendo você mesmo. A felicidade dá acesso ao poder que Deus lhe deu.

- **Reconheça a diferença entre seu verdadeiro eu e o ego.** É muito simples: se você não está feliz, então está agindo a partir do ponto de vista do ego, culpando ou julgando. O ego o fará sair para encontrar a felicidade em algo externo como uma compra, um relacionamento ou um bem de consumo. Tais coisas proporcionarão experiências temporárias e efêmeras de felicidade, mas apenas a escolha do verdadeiro eu no sentido de ser feliz leva a um estado de felicidade pura e duradoura.

Agora nosso foco será em ajudá-lo a reconhecer as características do ego e ensinar-lhe alguns métodos que o recolocarão na atitude feliz de seu verdadeiro eu.

Como eliminar antigas mágoas

Parece que a vida humana é carregada de sofrimento e decepção. Quaisquer velhos ressentimentos e remorsos que você venha carregando pela vida afora criaram um peso que não permite que você permaneça em vibrações mais elevadas.

Apontar o dedo da culpa para si ou para outra pessoa cria a ilusão de que vocês são indivíduos distintos, o que automaticamente lança sua consciência no caminho do medo. Sua mente consegue concentrar-se na dualidade ou na unidade. Portanto, se você vê alguém como culpado ou como "o problema", verá a si mesmo como um ente separado dessa pessoa. Nesse mesmo instante, você também se vê sozinho e separado de Deus. Esse pensamento é a base de todo o medo.

Agarrar-se a um problema do passado como forma de defender-se caso ele ocorra novamente é como carregar por aí uma tachinha que o furou há muito tempo. Você carrega a tachinha como lembrete do que aconteceu, para impedi-lo de pisar mais uma vez em outra. Porém, carregá-la é ainda mais danoso do que o ferimento inicial!

Pare um instante, agora, para acalmar a mente e sentir quaisquer massas em seu campo energético, que é a energia que circunda seu corpo. Porque, se você guarda alguma amargura com relação a algo que tenha ocorrido em seu passado, pode ter certeza de que a está carregando por aí em um saquinho de energia, bem ao seu lado, e esse saquinho acabará por ser assimilado, como uma massa de energia doentia *dentro* de você. Portanto, é urgente desprender-se dessa situação antiga... juntamente com a amargura e o receio de que ela se repita.

As ações prejudiciais sempre nascem de uma crença na separação, com uma pessoa tentando "tomar" algo de outra. As ações são egoístas, o que, como já descrevemos, traduz a mentalidade de que você tem de competir com outras pessoas isoladas para conquistar aquilo de que precisa e acredita estar disponível apenas em quantidades limitadas.

É possível eliminar mágoas tomando devotamente a seguinte decisão: *"Eu agora abandono tudo isso, exceto as lições e o amor".* Por baixo da mágoa existem amor e confiança que foram traídos, quer por você mesmo ou por outra pessoa. Esse amor existe para sempre, quer o relacionamento continue, quer não. A energia do amor é eterna e onipresente, o que significa que ela está sempre com você. Isso é verdade, mesmo quando você sente que já não ama a pessoa envolvida.

Você é uma criação amada de Deus, imune ao sofrimento porque foi criado como extensão inquebrantável, imortal e eterna do amor divino. Na verdade espiritual, nada nem ninguém pode prejudicá-lo. Sua alma vive para sempre. No sonho da separação, porém, é possível amontoar pilhas de mágoas, o que dificulta a lembrança de sua verdadeira existência divina.

Permita que nós, anjos, acompanhemos sua consciência rumo ao Céu, trazendo-o de volta para casa com a percepção de que tudo o mais não passa de um sonho do qual você foi arrebatado. Invoque-nos para que nós, os anjos, o ajudemos a manter seu foco no *eterno* em vez do *externo*.

Como desvincular-se do ego

O ego tem obsessão por analisar outros egos. Ele encontra sua própria versão de "prazer" ao esmiuçar motivos, como um detetive mal orientado. Contudo, a única coisa que o ego sempre encontra é o caminho do medo e da dor. Qualquer análise do ego é uma afirmação da separação.

A intenção é compreender por que uma pessoa se comportaria do modo como está se comportando. Contudo, a resposta é sempre a mesma, quaisquer que sejam os detalhes: a pessoa age a partir do caminho do amor ou a partir do caminho do medo. Sua atitude é altruísta (amor) ou egoísta (medo).

Quanto mais você se concentrar no comportamento ou nos motivos egoicos de alguém, mais fundo atolará no peso da energia egoica. A base do "vício em drama" é o desejo de fugir do tédio e alcançar aquela aproximação de significado.

Se alguém o julga, tenha compaixão dessa pessoa por escolher o caminho do medo. Ela está sofrendo com a decisão de julgá-lo e vê-lo como um indivíduo separado. Pois você pode ter certeza de que essa atitude de julgamento está sendo direcionada para tudo, não só para você. *O hábito de julgar é a mais dolorosa de todas as compulsões.*

Vigie-se sempre para ver se você está procurando alguma maneira de se sentir necessário ou entretido, já que as duas coisas são indicações do caminho do medo – que é o caminho da insatisfação. Milhares de pessoas poderiam "precisar" de você, mas você ainda se sentiria solitário se estivesse em um relacionamento de ego-com-ego. Ao notar essa "necessidade de ser necessário" ou "necessidade de ser entretido", você perceberá que as duas coisas são *desejos*, não verdadeiras *necessidades*.

O ego busca continuamente uma confirmação de sua existência, o que abrange o desejo de ser necessário, valorizado e recompensado. Seu verdadeiro eu, ao contrário, doa-se pela pura alegria de doar, sem restrições. O ego "sabe" que não é real, pois o medo não é real ou criado por Deus. Por isso, ele está sempre preocupado, receando que se descubra que ele é um "impostor" ou uma "fraude". Se você der ouvidos ao ego, ele tentará convencê-lo de que *você* é um impostor ou uma fraude. É claro que você não o é, mas pode sentir-se dessa forma se fingir ser alguém diferente de seu verdadeiro eu espiritual em uma tentativa de receber afeto e aceitação.

Seu verdadeiro eu não tem preocupações e, em especial, não se preocupa com aceitação ou aprovação. Seu verdadeiro eu está ocupado demais amando a tudo e a todos. Esse é o segredo para desvincular-se do domínio tirânico do ego.

Combater o ego ou sentir-se frustrado quando você escorrega para o caminho do medo dá ao ego a confirmação que ele busca. Você reforça os hábitos do ego toda vez que repreende a si mesmo por sentir-se inseguro.

Sinta compaixão de si mesmo e saiba que praticamente todo ser humano cai nas garras do ego de vez em quando. O segredo é reconhecer quando isso ocorre e deixar de importar-se ou preocupar-se com os dramas do ego.

Então, você diria, por exemplo: *notei que estou sentindo dor emocional atualmente, o que significa que permiti que o ego comandasse meus pensamentos. Agora eu deixo de me preocupar com essa situação. Tenho total confiança que, ao me desvincular disso, a solução surgirá tão depressa quanto a escuridão desaparece quando se acende uma lâmpada.*

Desvincular-se do ego não equivale a ser indiferente. Na realidade, desvincular-se é uma atitude mais afetuosa do que derramar a gasolina da preocupação sobre a fogueira do drama egoico. No caminho do amor, você recebe sua clara orientação interior sobre a melhor maneira de realizar um serviço altruísta que naturalmente ajude os outros. No caminho do medo, você passa a realizar um resgate reativo quando isso não é necessário. Em outras palavras, as decisões baseadas no medo são equivocadas e afastam você do verdadeiro serviço altruísta onde ele é genuinamente necessário.

Peça nosso auxílio para desvincular-se de uma situação na qual você se veja enredado. Nós o ajudaremos a desvincular-se do medo de que outras pessoas o julguem ou tirem algo de você. Nós renovaremos sua confiança de que apenas o ego julga e, portanto, é uma ilusão irreal que não pode ter nenhum impacto verdadeiro. Nós o lembraremos que ninguém pode tirar de você aquilo que é seu.

Medo não é entretenimento

Você foi feito para ser feliz e, por isso, sente o máximo de bem-estar quando está feliz. Isso pode parecer simples e óbvio, mas vale a pena repetir... em especial quando vemos a quantidade de seres humanos que é arrastada para dentro da ilusão enganosa de que é divertido sentir medo.

Essa ilusão assume muitas formas, tais como assistir deliberadamente a um filme de terror ou ler um livro de suspense. Essa experiência de aguardar com ansiedade o que vem a seguir é a versão de felicidade do ego. O ego se sente mais vivo quando seu coração está acelerado e sua mente se pergunta o que acontecerá agora.

O ego tem obsessão por prever e controlar o futuro. Ao assistir a um filme de terror, você pode ver por si mesmo a assinatura do ego sempre que sente raiva das personagens do filme por não preverem perigos iminentes. Isso é pura projeção do ego – que tenta controlar e prever tudo, atitude que, por ironia, cria e atrai perigo e drama.

Ao perceber suas reações diante de diversas atividades humanas, você é capaz de *sentir* se está vivenciando uma felicidade verdadeira e duradoura ou uma pausa temporária no tédio. Como você se sente quando é bondoso? Quando está com pressa? Quando participa de uma experiência baseada no medo?

Existe sabedoria no ditado: "Enfrente seus medos". O ato de vencer medos enfrentando-os é uma prática antiga. Todavia, há duas formas de enfrentar e vencer seus medos e elas são determinadas pela intenção por trás de seus atos.

Primeiro, existe o caminho do amor, que vê o medo como um bebê que chora e precisa de consolo. Tenha compaixão de si mesmo e dos outros por sentirem medo. Trata-se de uma situação de amnésia, de esquecer seu poder espiritual divino de criar e desfazer suas criações.

No entanto, cuidado com quaisquer tendências de reforçar o medo. Quando alguém aprende que recebe compaixão por sentir medo, essa pessoa pode repetir o padrão... e tornar-se dependente de coisas exteriores (a atenção de outras pessoas) para gerar uma felicidade temporária. Isso também se aplica ao ato de recompensar-se para afastar os medos. Embora isso possa tranquilizar temporariamente suas emoções, recorrer a coisas externas como o consumo de álcool, drogas, fazer compras ou utilizar mídia faz apenas reforçar o hábito do medo.

O caminho do amor é uma recordação clara da paz, do amor e da segurança de Deus, e essa é a maneira mais serena de erradicar medos. Quando sentir medo, diga o nome de Deus repetidas vezes, em voz alta ou na mente, para se acalmar e se consolar.

Compare essa atitude suave e eficiente com o caminho do ego, que é "vencer os medos" mergulhando de forma deliberada em uma situação assustadora. Isso é desnecessário e apenas reforça a crença de que os medos são uma necessidade e têm grande impacto.

"A diversão" da experiência de um filme de terror, de uma montanha-russa, do drama de um relacionamento ou de outras façanhas é a experiência que seu corpo físico vive ao disparar mecanismos de enfrentamento. O aumento das frequências cardíaca e respiratória pode parecer divertido, mas o que nós testemunhamos é um corpo físico pedindo socorro. Esses mecanismos de enfrentamento foram concebidos para que você tenha força e energia para fugir de perigos físicos reais. Para seu corpo físico, você *está* em perigo nessas situações, e ele reage de acordo com isso. É por esse motivo que você talvez considere a paz maçante ou inalcançável.

Da mesma forma, a preocupação também é um esporte do ego. Ela é a consequência de concluir que, de alguma maneira, é perigoso estar feliz, ou que "depois de algo bom vem algo ruim". O ego nunca baixa a guarda, por medo de que o perigo percebido supere seu controle. E aqueles que dão ouvidos aos ditames tirânicos do ego estão sempre nas garras da preocupação e da tensão.

Você pode seguir o ego, que promete felicidade futura, ou permanecer com Deus na eterna felicidade do aqui e agora. Você tem o poder de decidir, agora e sempre.

Seus níveis de energia

Deus é energia pura e, na realidade, é *apenas* energia. A energia de Deus é edificante e, quando você se concentra em sua unidade com as outras pessoas, sente-se inspirado.

Com sua consciência divina, você tem acesso ilimitado a toda a energia de que precisa. Seus quatro corpos, físico, emocional, energético e intelectual, são afetados pela circunstância de você estar no caminho do amor ou do medo.

Quando você se concentra em qualquer aspecto do medo, como, por exemplo, acreditando que existe uma insuficiência daquilo de que você necessita; que você está em perigo; que as outras pessoas estão separadas de você e competindo com você; que sua Fonte está fora de você e deve ser controlada, buscada ou conquistada você percebe o efeito energético sobre seus corpos.

Sinais de que você está no caminho do *medo*:

- O corpo físico fica tenso, dolorido ou doente.

- O corpo emocional sente ansiedade, preocupação, raiva ou desânimo.

- O corpo intelectual sente-se incapaz de manter o foco.

- O corpo energético sente esgotamento e cansaço.

Esses sinais não são críticas, mas uma resposta interna mostrando se você está colocando seu foco no amor ou no medo. Dar atenção aos sinais ajudará você a identificar seus próprios indicadores energéticos e a decidir se continua no caminho do amor ou do medo.

Agora, vejamos como seus quatro corpos reagem quando você se concentra no amor, como ao ver a bondade em si mesmo e nos outros, cooperar em vez de competir, ter fé que as orações são atendidas e permitir-se estar feliz.

Sinais de que você está no caminho do *amor*:

O corpo físico fica relaxado, saudável e equilibrado.

O corpo emocional sente paz e plenitude.

O corpo intelectual sente-se capaz de concentrar-se e se enche de ideias e soluções criativas.

O corpo energético sente-se adequadamente energizado.

A energia de Deus o abastece naturalmente porque seu eu natural *é* a energia de Deus. Enquanto o ego acredita que a fonte de sua energia é externa (cafeína, açúcar, animação ou outro estimulante artificial), seu verdadeiro eu já é energizado.

O ego também segue um padrão de tentar acelerar cada vez mais para alcançar objetivos e conquistas externas que, conforme ele acredita, proporcionarão felicidade e aprovação. O ego crê que o segredo da felicidade envolva uma energia induzida quimicamente para ajudá-lo a alcançar seu objetivo inatingível de felicidade derivada de coisas externas. Ele está sempre olhando para o futuro para sentir-se feliz agora. Contudo, não faz sentido voltar-se para o futuro a fim de alcançar um estado atual.

Na verdade espiritual, você está atual e continuamente conectado com Deus, a Fonte. Você está bem confortável, aninhado, neste exato instante, no aconchego da mente de Deus, e tem tudo de que precisa. Não há necessidade de pressionar, perseguir, nem apressar coisa alguma. Seu verdadeiro eu sabe que você já é feliz e sereno.

Você encontra a paz interior quando abandona a busca externa. Você deve permanecer no momento presente e perceber sua unidade com Deus. O "prêmio" da vida já foi encontrado. Todo o respeito, as conquistas, os elogios e a aprovação já são seus.

Ao ajudar-se a despertar do sonho da separação e da carência, você está ajudando outras pessoas. Agora, siga adiante e ensine por meio de seu exemplo vivo de paz e felicidade verdadeiras e duradouras. Seja um anjo em todos os lugares aonde for, irradiando aí sua bondade e compaixão.

Epílogo

Sua Missão, seu Sustento e sua Existência

O verdadeiro significado de *unidade* é literal. Todas as pessoas que você vê são *você*. Assim, quando alguém o aborrece ou o deixa zangado, essa é uma oportunidade para você se perdoar. Pode parecer difícil de acreditar, mas estamos acelerando seu progresso rumo ao máximo conhecimento de iluminação espiritual.

Hoje, pratique perdoar-se toda vez que ficar zangado com alguém:

Você pode dizer: "Ah, ali estou eu causando sofrimento".

"Ah, aqui estou eu, sendo desonesto."

E também o inverso: "Ah, lá estou eu, tendo êxito".

"Ali estou eu, sendo muito talentoso."

"Aqui estou eu, sendo amoroso."

Tudo o que você vê nos outros está em você também. Ao se perdoar por tudo, você desmantela a ilusão da separação. É assim que você cura o mundo.

Dar e *receber* não são flechas saindo de você e vindo para você, apontadas em direções opostas. Em vez disso, elas são um círculo contínuo *de* você e *para* você, um vórtice, porque dar e receber são a mesma coisa.

Imagine-se dentro de uma mola, como uma espiral de luz. Essa espiral é a representação da aparência da energia de dar e receber. Se você apenas der, a espiral será incompleta. Mas, se você se permitir receber *e* dar, a espiral será completa.

Não tenha dúvida de que tudo aquilo que você dá aos outros exerce o mesmo efeito de tais coisas terem sido proporcionadas a você mesmo. Confiante no suprimento infinito de matéria e na natureza maleável dela, você vive no conforto do amor... assim como todas as pessoas que você encontra.

É um desperdício de tempo e energia tentar mudar e consertar experiências *externas*. Coloque todo o seu foco em tornar sua experiência *interna* rica, saudável, amorosa e repleta de paz – e assim automaticamente será sua experiência externa.

Sua vida é um sonho e você é o sonhador que controla o curso desse sonho. Se, em algum momento, você se sentir confuso ou tiver medo, convoque-nos para que nós, os anjos, o despertemos suavemente de seu sonho de medo. Nós faremos com que você se recorde do poder absoluto que Deus criou em você. Nós ensinaremos e mostraremos como exercitar sua capacidade de escolha e intenção.

Não há vantagens nem "pontos" que ganhar por meio do sofrimento. Não existe ninguém obrigando você a fazer coisa alguma, tampouco existem obstáculos ou testes. Agora, tudo são escolhas de livre-arbítrio à sua frente.

Isso requer que você crie períodos de silêncio para interrogar-se honestamente e decidir: *Que experiência eu desejo ter?*

Como agora você já sabe que não há motivo para concentrar-se em conquistar bens externos e supérfluos, seu tempo e energia terrenos podem ser empregados em desfrutar e compartilhar os frutos de seu mundo interno.

Você é um mestre e um curador espiritual compartilhando essa perspectiva de amor, e são imensos os efeitos positivos em cascata. Desde que você já não esteja lutando para conquistar um "prêmio" exterior, pode ter certeza de que sua vida de compartilhamento será uma experiência de profunda satisfação e significado.

Nós sempre o guiaremos claramente de acordo com a vontade de Deus rumo a seu propósito e sua missão e o ajudaremos a satisfazer suas necessidades. O caminho que Deus quer para você e sua família espiritual é de paz.

Que você aceite a paz como sua missão, seu sustento e sua existência. Que você escolha o amor como sua atitude e base para todos os seus atos. E que você se sinta tão confortável com sua felicidade como já se sentiu com sua tristeza.

Essa é nossa oração por você, Caríssimo. E todas as orações são respondidas e atendidas.

MADRAS® Editora

Para mais informações sobre a Madras Editora,
sua história no mercado editorial
e seu catálogo de títulos publicados:

Entre e cadastre-se no site:

www.madras.com.br

Para mensagens, parcerias, sugestões e dúvidas, mande-nos um e-mail:

marketing@madras.com.br

SAIBA MAIS

Saiba mais sobre nossos lançamentos,
autores e eventos seguindo-nos no facebook e twitter:

@madrased

/madraseditora